让 我 们 生活同义 一 起 追 寻

发现阴阳道

平安贵族与阴阳师

〔日〕山下克明 著

梁晓弈 译

社会科学文献出版社
SOCIAL SCIENCES ACADEMIC PRESS (CHINA)

目　录

序章　何谓阴阳道

在阴阳道热潮之后

若干年前，阴阳道与阴阳师仿佛在突然之间就成了大众瞩目的焦点。阴阳师的记载散见于平安时代以后的历史书与古典文学之内，因此在这一热潮之前多少也吸引了一部分人的关注，但是直到十多年以前，即使在历史研究者或是文学研究者内部，对阴阳道与阴阳师有所了解的人也屈指可数。因为荒俣宏与梦枕貘的小说以及冈野玲子等人的漫画带来的影响，一直以来颇为冷门的阴阳师与阴阳道一跃成为大众关注的话题，得力于当时的超能力与神秘学热潮，阴阳师也成了媒体的宠儿，安倍晴明转瞬之间成为代表平安时代的著名人物。位于京都、祭祀安倍晴明的晴明神社，近年来也趁势扩大了规模，内部景观焕然一新，更被纳入了观光行程，每天的参拜者络绎不绝，其中又以追逐着被漫画具体化的晴明幻影的年轻女性居多。

虽然如此，现在要是突然问起究竟什么是阴阳道，想必绝大多数人仍然一时难以回答。阴阳道的社会影响有其正负两面，从古代直到近世江户时代为止，阴阳道都是在政治、生活习惯、信仰等各方面对日本人的历史造成了巨大影响的文化。平安时代的朝廷也好，镰仓与室町时代的武家政权也好，当遇到风水灾害或是地震等天灾，又或是发生了流行病、叛乱等对政治、社会造成巨大威胁的事件时，又或者是在为天皇、贵族或是将军等要人祛除疾病与灾难之时，当时的人们除了要进行佛教经典的讲读、举办各种密教修法，并向神社奉币祈愿之外，同时也要进行阴阳道的占卜与祭祀。由这一点可以看出，对于当权者而言，阴阳道在政治、宗教制度上具有重要的意义。此外，经由阴阳道专门研究者——阴阳师的活动，阴阳道的知识不仅在统治阶级内部得到普及，在中近世更浸透到了庶民阶层之中，毫不夸张地说，在前近代的日本，阴阳道是足以与佛教、神道相提并论的三大宗教之一。

阴阳道在明治三年被正式废除（确切来说，实际上是明治政府停止向土御门家发放阴阳师资格认证），之后逐渐失去了在社会舞台上露面的机会，但是如选择日期与方位时的吉凶意识等仍然留存下来了一样，许多阴阳道的知识仍然作为生活习俗的一部分融入人们的日常生活，对于我们理解日本的历史与文化有着不可或缺的意义。因此我认为，社会开始注目阴阳道这件事情本身，或许对于思考日本文化的形态具有重要意义。

　　然而，出现于最近的小说与漫画等作品中的阴阳师与晴明的形象，基本始于对《今昔物语集》等古典说话集所收录故事的改编，并反映了现代人对神秘学现象的关注，这两者的综合便形成了现在对阴阳师的一般认识，也就是与出没于所谓"平安京的阴暗面"的异界妖怪以及人的怨念相斗争的超能力者，而非传统意义上的英雄形象。作为娱乐文化的一部分，这原本也无可厚非，但不得不指出的是，这并非阴阳道、阴阳师的真实状态，同时更不能忘记的是，现在集成在安倍晴明一人身上的阴阳师形象的背后，有着阴阳道的漫长历史，以及为数众多的阴阳师的活动。因此，在阴阳道的热潮暂告一段落的现在，正有必要冷静地思考究竟何谓阴阳道这一问题。

所谓阴阳师

　　那么，阴阳师究竟又是怎样的职业，都做些什么事情呢？

　　作为探讨阴阳师的具体形象时的一个范例，平安中期

发现阴阳道

的纪传道（大学寮内学习汉文学的专业）学者藤原明衡
（1066 年离世）撰写的《新猿乐记》中描写的"阴阳先
生贺茂道世"的形象是一个很好的参考对象。《新猿乐
记》是一本假借观览猿乐①的男性及其亲属之口，对当时
各种各样的职业进行解说的书物，道世也是个架空的
人名。

> 十君夫，阴阳先生贺茂道世。金匮经、枢机经、
> 神枢灵辖等之，无所不审。四课三传，明明多多也。
> 占覆物者如见目，推物怪者如指掌。进退十二神将，
> 前后三十六禽，仕式神，造符法，开闭鬼神之目，出
> 入男女之魂。凡觊（睹）览反闭究术，祭礼解除致
> 验。地镇、谢罪、咒术、厌法等之上手也。吉备大臣
> 七佐法王之道习传者也。加之法历、天文图、宿曜、
> 地判经，又以了了分明也。所以形虽禀人体，心通达
> 鬼神；身虽任世间，神经纬天地矣。

将这段话加以总结归纳之后，大致是如下的内容。

（1）《金匮经》《枢机经》《神枢灵辖》等书，是与

---

① 猿乐是日本能乐的起源之一，相当于唐朝散乐中的杂伎、滑稽戏等
内容。本书所有脚注均为译者注，后文不再特别说明。

阴阳师所使用的名为六壬式的占卜术有关的书籍。道世精通这些书籍，因此在射覆之时百发百中，仿佛能够看穿遮蔽之物，占卜鬼怪之事时就像指点手掌中的东西一样简单而准确，占卜极为灵验。

（2）道世能够使役式神（人眼无法看见的鬼神），制作符法，此外也擅长反闭、祭祀、解除、咒术、厌法等各种咒法。

（3）除此之外，道世还精于历法的吉凶注释、天文星座图、二十八宿及七曜吉凶、地相好坏等风水之术。

（4）因此在最后作者总结说，道世虽然形体仍为人形，内心却能通达鬼神，身体虽然还居住于世间，而神魂则能往返于天地。

也就是说，道世通过占术，能够看见人眼所不能见之物以及未来之事。同时，他还能够自由使役式神，并能操纵异界的鬼怪与人的魂魄，换言之，他能够改变人的生命，同时还擅长祭祀与咒术，因此文中才会说他不是一个普通的人类。

在《新猿乐记》里，道世被描绘为具有种种能力与知识的人物，然而这些能力的基础都在于预测未来的占术和实现愿望的诸种咒法这两点。因为道世在这两点上能力优越，作者藤原明衡才给了他能够自由操纵鬼怪与人的性命，"心通达鬼神""神经纬天地"等夸张的评价。如此这般，对于贺茂道世究极能力的评价，与自古以来流传的晴明传说有一脉相承之处。

然而，我们有必要冷静地意识到，阴阳师的实际职务与包含着愿望的评价之间的区别。换言之，前者才是阴阳道的实态，而后者则是以晴明为中心的阴阳师在故事中形象的展开。虽然阴阳师的职务是物语与传说被创作出来的最重要的因素，但是我们显然不能通过说话故事与物语来反推历史上发生的事实，而且这一类的书籍在市面上已经举目皆是了。

因此，本书固然也将涉及关于阴阳师形象是如何形成的这一问题，但主要将探讨的是阴阳师的职务内容及其具体形象。

阴阳师的咒术师属性

然而，反思我们究竟为何容易产生将阴阳师等同于超能力者或是魔术师的误解，这个疑问本身对于我们理解阴阳师的本质就有很大帮助。因此我们先来探讨一下阴阳师的咒术师属性。

平安时代后期成书的《今昔物语集》等说话集中，除了像安倍晴明这样的官方阴阳师之外，还出现了在民间活动的"法师阴阳师"，以及掩盖自身存在的"隐藏阴阳师"等各种类型的阴阳师。他们被描绘成能够在祭祀时发现鬼怪，在鬼怪袭来时保护自身，使役式神，还能够通过祈祷延长人的寿命，或者反过来可以通过诅咒杀人的人物。

不仅是现代的安倍晴明的形象如此，由中世到近代以来，人们一直口口相传的阴阳师传说都带有这样的神秘学特征，这一方面也是因为其中凝聚着人们对脱离日常现实的神秘之物的期待与关注。与其说人们千百年来对于咒术师的观感没有变化，不如说这是起源于咒术师本质特征的问题。

阴阳师既能够通过占卜预测未来，也是以咒术祈祷病情的痊愈、在干旱时还要负责祈雨的咒术师，占卜、咒术以及祭祀都是阴阳师最基本的职务。与人眼所不能见的神灵联络往来，并通过占卜预测未来的吉凶，这是常人难以企及的特殊能力，因此对于一般人而言，阴阳师虽然有些神秘，却绝对是需要敬畏的职业。

与这一神圣性相对应的是，阴阳师使用咒术的目的是达成委托人的利益，为此或是向神灵祈祷愿望的实现，又或是抵消祛除敌对人士所施加的诅咒。阴阳师是一种职业，在完成每一份委托时都获得了相对应的报酬，甚至在某些场合下也可能轻易地临场叛变到敌对方的阵营之内，因此阴阳师也被视为兼具善恶两性的危险人物。《宇治拾

发现阴阳道

遗物语》中记载了这样一个故事：安倍晴明在法成寺门前识破了法师阴阳师道满的咒术，道满受藤原道长的政敌雇用前来暗算藤原道长，却因为被安倍晴明看破而没能够成功。就像这个故事中出现的形象一样，阴阳师是随着雇主立场的不同，既可能为善，也随时可能为恶的一种职业；而这不仅限于个人之间的对立，在政治斗争以及战乱中的各势力背后，也都分别有阴阳师为他们祈祷胜利的降临。阴阳师作为咒术师是具有极大危险性的，这也是阴阳师的特征之一。

咒术师的这种区别于常人的、在某种意义上而言近似于脱离俗世、献身神秘的性质，后来也成为引发歧视的要因之一。然而，对于与以往的斗争毫无关联的民众而言，出于追求非日常事物的心理，这一特质反而诱发了他们的好奇心。流传下来的物语中，比起描写阴阳师日常活动的内容，绝大多数都是描写鬼怪与诅咒等更加吸引眼球的猎奇故事。此外需要注意的是，围绕着安倍晴明展开的各种传说与物语，目前学界认为绝大多数都不是实际发生在他身上的故事，而是在中世前期将为数众多的阴阳师们丰富多彩的活动集中到安倍晴明一个人身上而成的产物。而之所以安倍晴明的形象会像现在这样略显阴暗，也可以说是将阴阳师身上潜在的这种职业特性集中在一个人身上的结果。

现在的人们大多经由安倍晴明来认识阴阳道，然而从历史学的角度来看，安倍晴明也不过是为数众多的阴阳师中的一人，而正是这些阴阳师们每一个人的日常活动，才最终使得阴阳师成为当时社会上不可缺少的一种职业。那么，当时的阴阳道又究竟是什么样的呢？

所谓阴阳道

关于阴阳道的定义，根据字典上的说明，这是一种根据中国古代的阴阳五行说占卜时辰与方位的吉凶，并举办各种祈祷与祭祀的民间信仰；而研究著作则更加详细地分析了其理论构成，将由阴阳五行说派生而来的祥瑞与灾异的思想、谶纬学说（中国的预言理论），以及易学、道教等知识都包括在阴阳道之内，使其显得更加繁杂，让人难以理解其本质。诚然，这些思想与占卜之术都是阴阳道重要的构成要素，但是最近产生了一种更为简洁的关于阴阳道本质的解释，那就是将阴阳道理解为以阴阳寮这一机构为基础，在平安时代兴起的独属于日本的咒术宗教，其理由如下。

首先，阴阳道这一名称的普及始于日本的平安时代中期，而在中国则完全不使用这个词语。在平安时代前期的九世纪中期，在负责培养官员的大学寮中，由于学习内容的不同，出现了纪传道（专攻汉文学）、明经道（专攻儒学）、明法道（专攻法律），以及算道（专攻算学）的称号。在阴阳寮中原本也有着阴阳（占卜术）、历（历法）、天文（天文观测）、漏刻（报时）等具体的技能培训部门，受到大学寮四道的影响，时人也开始用阴阳道一词作为描述特定专业领域的名词，专门用来称呼以阴阳科的阴阳博士与以阴阳师为中心展开的学术研究与职务内容。

说到阴阳寮与阴阳道之间的关系，打个比方，阴阳寮就像是理科大学，而阴阳道则是以大学中的一个学院为基础，将相关研究与研究者组织起来的学会，此后这个学会经过长年的发展，规模超过了学院甚至整个大学。日本人很喜欢"道"这个字，常用"道"来定义各项文化与运动，从歌道、花道、茶道、香道、书道一直到柔道、剑道、弓道，等等，而阴阳道最初也与此类似，是一个描述学术领域的名词。"阴阳道"一词是由日本人开始使用的，这一事实本身也正说明了阴阳道是日本社会的产物。

解释完名称的来源，我们再来看阴阳道的活动内容。从九世纪后半期开始，阴阳寮开始了积极的宗教活动。"阴阳师"原本是阴阳寮内的官员名称，定员共有六名，就在阴阳道逐渐变成特定学术领域的代名词的同时，"阴阳师"一词也开始变成了指代占卜师、咒术师等咒术宗教活动者的职业名词。据此，我们可以如此定义阴阳道：阴阳道是以阴阳寮为母体，以咒术宗教活动家——阴阳师为核心，在从九世纪后半期到十世纪之间形成的职业与咒术宗教的代名词，同时也是由阴阳师构成的学派名称与集团名称。

从整体含糊地将阴阳道等同于阴阳五行说的旧观点来看，像这样将阴阳道理解为职业集团的看法或许很奇怪，但这才是在史料中实际出现的"阴阳道"一词的用法。而且阴阳五行说、祥瑞与灾异的思想、谶纬说等都是基于中国的世界观而产生的哲学与神秘思想，就像之后会详细解释的那样，这些思想的影响广泛，从儒学直到道教、医学、天文、历法、占卜术等都直接受其影响，因此将阴阳五行说等学说视为阴阳道的思想核心并没有太大问题，但要是认为这些学说本身直接与社会产生联系和影响，却是不恰当的。

于是当我们再回到什么是阴阳道这个问题的时候就会发现，从构成人员的角度来说，将阴阳道理解为阴阳师等专业人士构成的集团，而从其性质上来分析，阴阳道则是由以这些专业人士为中心展开的占卜、祈祷、祭祀等活动构成的咒术宗教，这一归纳可以说是很妥当的。

明确阴阳道结构的意义

近年来，不仅是日本史研究界，国文学、宗教学、

发现阴阳道

民俗学等各研究领域都开始关注阴阳道与阴阳师，这促进了研究的发展。当然，由于各研究领域所采用的研究方法不一，各学科间的认识不一致也可以理解，但不得不说现状是不同学科的观点之间存在巨大隔阂，对阴阳道的认知仍然停留在一个十分模糊不清的阶段。造成这一现状的原因有很多，例如阴阳道所涉及的基础知识同时包括了占卜、咒术这样的神秘学内容与历法、天文等科学内容，如此广泛的内容构成使得阴阳道的实态复杂难解。同时，古代的阴阳道与近世的阴阳道之间有着差异，而像贺茂氏、安倍氏这样的官方阴阳师与所谓的民间阴阳师之间也有所区别，这些差异与区别使得我们无法简单地将阴阳师的活动一概而论。此外，由于长年以来阴阳道的研究一直处于相对落后与弱势的地位，关于阴阳道与阴阳师的基础知识并不普及，这也是重要的原因之一。与各位读者一样，各领域的研究者对阴阳道其实也没有明确的认识。

因此，我们现在要做的事情就是要明确阴阳道的理论结构是什么样的，应该如何历史性地理解阴阳道，将它视为一门宗教时又该如何进行认识。虽然阴阳道研究才起步，但是在当下进行这一工作，能够展现出一个完整的阴阳道形象，并由此发现新的研究课题。而为了明确阴阳道的特质，就有必要以阴阳道的形成与发展时期——也就是平安时代——为中心展开讨论，因为在阴阳道形成并在贵族社会中固定下来的这一时期里，能够最鲜明地看到阴阳道的性质、机能与特征。

　　基于上述考量，本书将从三个角度来探讨阴阳道的形成过程。在第一章、第二章里，我将探讨相关文化如何传入日本，以及阴阳道的形成过程本身。阴阳道是以阴阳寮为基础形成的咒术宗教，但是为何这一宗教会形成于平安时代前期这一特定时代里？在这两章里，我想要讨论的是阴阳道形成的时代背景。在第三章、第四章里，为了更好地理解阴阳道，我将对阴阳师的职务内容与阴阳道的宗教性构成进行具体的描绘，给出阴阳道形成初期的模型。阴阳师的职务究竟有哪些特质，这与僧侣、神官等宗教活动人士有怎样的区别，阴阳道又与佛教和神道有什么不同？换言之，我们将在这两章里思考"阴阳道究竟是什么"这一基本问题。而第五章与第六章则将以被偶像化的安倍晴明这一人物为中心，拨开他身上的层层迷雾，明确他在历史上的实际形象，同时以历史研究的视角考察与解读阴阳师安倍晴明形象的形成背景。而在最后一章里，我则将通过观察古代和中世的人们对阴阳道与阴阳师有着怎样的批判，由此来再度确认阴阳道的本质特征。

　　最后，本书在引用史料时，将原为汉文的史料全部改

发现阴阳道

写为训读文体，把某些比较艰深的文章译成了现代日语。① 此外，关于阴阳道、阴阳师的读音，我个人一直以来都是根据近代以前的古典文学与辞典中的读法，读作"おんようどう"（onyoudo）、"おんようし"（onyoushi），我的老师们采用的也都是这一读法；但是根据近世以来的变音将其读作"おんみょうどう"（onmyodo）、"おんみょうじ"（onmyoji），也并没有问题。然而最近由于电影的影响，出现了将重音放在第一音"on"上的读法，我觉得这个读法有问题，因为这样会使得"onmyodo"一词非常难以发音。

---

① 此为作者在日语版中的行文方式，在汉译时译者保留了这些汉文史料的原文，并在难以理解的部分适当加以解释。

第一章　阴阳道的源流

一　阴阳道的源流

阴阳道的基础思想

构成阴阳道的基础思想，一般来说是由其名称能够迅速联想到的阴阳说、五行说，以及将二者结合在一起的阴阳五行说。那么这些学说又是通过怎样的方式与日本的阴阳道产生关联的呢？在此我们先概观阴阳五行说的形成与中国诸文化的关系。

阴阳说、五行说都形成于中国的战国时期（公元前 403[①]

[①]　关于战国时期开始的时间有两种说法，一种以公元前 453 年三家分晋为标志，另一种以公元前 403 年周册封韩、赵、魏三家为诸侯作为标志。本书暂且采取后一种说法。

~公元前 221 年），是探讨世界的形成与循环方式的理论。从语源来说，原本"阴"指的是日光照射不到的山北面，"阳"则指的是受到日光直射的山南面；而由于"阳"也指代太阳，因此"阴"也成为月亮的代名词（太阴），由此派生出了用阴与阳来区别天地、男女等相对立的事物的倾向；而古人为了解释世间万物潜在的运行动力，创出了"气"这一概念，由于与"气"的结合，阴与阳的关系不仅是一组相对立的概念，而且成为一套从形成到消灭循环不息的完整体系。例如关于季节变化的原因，古人认为春天阳气始兴，到了夏至阳气达到顶点开始转弱，阴气开始出现；秋天则是阴气逐渐强盛的过程，到了冬至阴气达到顶峰后，再次进入阳气逐渐增强的循环过程。如此这般，古人形成了一套自然观，认为天地、昼夜、寒暑等自然现象，男女性别，以及刚柔属性等相对立的现象，都能用阴阳二气的变化与循环运动来解释（表1－1）。此外，易学本来也是基于阴阳说而形成的自然哲学，在这种学说里，阴阳派生八卦，八卦再派生出六十四卦，各卦的卦象象征了世间万物，并可运用于占卜。

表 1－1　阴阳的对应关系

阳	男刚强动	天日昼春夏	父兄前上
阴	女柔弱静	地月夜秋冬	母弟后下

与此相对的是五行说，五行也被称为五材，指的是金木水火土这五种人类生活中必不可缺的素材。五行的"行"有循环之意，五行说认为世界是由五行的循环而构成的，而循环的顺序则有五行相胜（相克）说与五行相生说两种。五行相胜说认为，土中能长出树木，因此木胜土；树木被金属切断，因此金胜木；金熔于火，因此火胜金；火灭于水，因此水胜火；而土能堵水，因此土胜水。因此，五行相胜说遵循的是土、木、金、火、水的顺序。

而五行相生说则认为木燃而火生，火化灰而成土，土生矿石而成金，金冷却后生水，水中又生木，将五行按照木、火、土、金、水排序。这两种学说的排序都立足于五材的属性与自然认知。之后五行说发展为认为万物的秩序都可以通过五行的调和与循环来解释，例如如果将五行与四季相配，则春季与木相配、夏季与火相配、秋季与金相配、冬季与水相配，剩下的土则在四季中分别取出十五天的土用之日与之配对；如果将五行与方位相配，则东方为木、南方为火、中央为土、西方为金、北方为水；除此以外的例子还有人体、行星、音律、味觉、道德律等，万事万物无一不可以用五行来解释，使人不得不惊叹古代中国人的类比观念的彻底性（表1－2）。

表 1 - 2　五行对应表

五行	季节（历）	十干	十二支	五方	色	数	五常（儒学）	音（音乐）	五脏（医术）	五星（天文）	感情
木	春	甲乙	寅卯	东	青	八	仁	角	脾	岁星	喜
火	夏	丙丁	巳午	南	赤	七	礼	徵	肺	荧惑	乐
土	土用	戊己	丑辰未戌	中	黄	五	信	宫	心	镇星	欲
金	秋	庚辛	申酉	西	白	九	义	商	肝	太白	怒
水	冬	壬癸	亥子	北	黑	六	智	羽	肾	辰星	哀

　　然而，五行思想由于被有意图地加以阐释，逐渐披上了一层神秘学的外衣，其起源是战国时代齐国的方士（神仙方术的专门人士）邹衍提出的五德终始说。他认为各王朝都有各自顺应的五行之德，试图通过五行相胜的关系对王朝交替与革命理论进行解释。众所周知，后来的秦始皇统一天下之时，根据邹衍的五德终始说将秦定为水德，由此对各项制度都进行了改革（受命改制）。

　　西汉时期，五行说与阴阳的循环理论相结合，形成了阴阳五行说，这一学说试图解释由自然现象到人类生活的各方面，成为以儒学、医学、天文、音乐为首的中国诸文化的基础理论，发挥了重要的作用。此外，阴阳五行说通过与六十干支，即十天干（甲乙丙丁戊己庚辛壬癸）和十二地支（子丑寅卯辰巳午未申酉戌亥）的结合，得以解释年月日、季节、方位等森罗万象，由此形成了各种基于阴阳五行说的占卜之术。

阴阳五行说的影响

阴阳五行说试图通过阴阳二气的消长变化及五行的循环解释自然界和人世的种种现象及其变迁，而诸子百家中的阴阳家（后来也称为五行家）则不仅利用这一理论来解读过去发生的事情，更试图将其运用到预测未来的吉凶之上。

阴阳五行说这一自然哲学对各领域的学问产生了广泛的影响，这一点能够从东汉班固编纂的《汉书·艺文志》中看出来。《汉书·艺文志》以西汉末期的学者刘歆所著的《七略》为基础，是中国现存最古老的图书目录，其中将书目分类如下：

六艺略：易、书、诗、礼、乐、春秋、论语、孝经、小学等儒学经典；

诸子略：儒家、道家、阴阳家、法家、名家、墨家、纵横家、杂家、农家、小说家等哲学、思想；

诗赋略：屈赋、陆赋、荀赋、杂赋、歌诗等文学作品；

发现阴阳道

兵书略：兵权谋、兵形势、兵阴阳、兵技巧等军事技术；

数术略：天文、历谱、五行、蓍龟、杂占、形法等天文、历法与占术知识；

方技略：医经、经方、房中、神仙等医学与长生术知识。

在这一分类中，归类于诸子略之下的阴阳家里收录了以邹衍为首的战国时代的思想家以及汉文帝时期的丞相张苍等人为数众多的著作，而班固对阴阳家的特质总结如下：

阴阳家者流，盖出于羲和之官，敬顺昊天，历象日月星辰，敬授民时，此其所长也。及拘者为之，则牵于禁忌，泥于小数，舍人事而任鬼神。

羲氏与和氏据说是尧在位时期的天文官，班固在此精准地指出了阴阳家的长处与不足之处。观测季节推移与星象变迁，进而制作历法，这些知识在指导农耕、支配民众方面有重要作用，因此对于掌握政治与祭祀的统治者来说是不可或缺的知识；然而，由于阴阳家也利用阴阳五行说来占卜未来，一旦气量狭小的人掌握了这些知识，很容易执着于卜求吉凶与禁忌而放弃客观判断，将万事托付于咒术，导致阴阳家的知识也被视为扰乱世间秩序的危险之物，这与序章中曾经提到过的咒术师的特性相类似，是阴阳家的本质特征。

这一观点与西汉著名史家司马迁之父司马谈有共通之处，他在论及阴阳、儒家、墨家、名家、法家、道家这六家的学术时对阴阳家有如下评价："夫阴阳四时、八位、十二度、二十四节各有教令，顺之者昌，逆之者不死则亡，未必然也，故曰'使人拘而多畏'。夫春生夏长，秋收冬藏，此天道之大经也，弗顺则无以为天下纲纪。"（《史记·太史公自序》）由此也可知中国古代有识之士是如何评价阴阳家的学术内容的。

然而，阴阳五行说的影响并不止于此。六艺略中的易家当然也是基于阴阳说而成的学问，礼家中也有记载王在不同季节里需要在明堂中举办各类仪式的著作，名为《明堂阴阳》；而诸子略中的儒家，班固评价其源流时也认为"儒家者流，盖出于司徒之官，助人君顺阴阳明教化者也"。

兵书也受到了阴阳五行说的影响。兵书略中提到兵权谋时说到"权谋者，以正守国，以奇用兵，先计而后战，兼形势，包阴阳，用技巧者也"，而提到兵阴阳时则说到"阴阳者，顺时而发，推刑德，随斗击，因五胜，假鬼神而为助者也"。谋略与攻击的时节计算等都基于阴阳五行说的知识，可见兵法本身也与阴阳家的占卜之术以及天文历法知识有着密不可分的关系。

最后，在方技略中的医经部分，班固也说到"医经者，原人血脉经络骨髓阴阳表里，以起百病之本、死生之分"。至于数术略中的天文、历谱、五行、蓍龟、杂占、形法等知识是由阴阳五行说派生而成的这一点，想必不需要更多解释了。天文通过观测星象运行占卜政治的得失与统治者的安否，历谱指的则是历法书与历注，五行、蓍龟、杂占是各种占卜方法，形法则是与现在风水学类似的相地之学与相人之术。假如将阴阳家视为理论之学，数术（也称为术数）之学则是它的实际应用。

儒学与阴阳五行说

如前所述，阴阳五行说是汉代诸家学说的基础思想，与各家学术有着密不可分的联系，在与儒学及道教的关系中也并不例外。在汉武帝时代，根据精通春秋学的董仲舒（公元前 179—公元前 104）提出的建议，易、书、诗、礼、春秋的五经博士得以设立，儒学由此成为国家的官方意识形态。儒学与阴阳五行说相结合，由此产生了神秘主义色彩，这可以说是汉代儒学的特质。

传统的儒学认为，天（天帝）是万物的主宰，它将支配世间的权力委托给有德之君，因此君主作为天子需要遵循天意施行善政。假如君主长年失德，被认为不再是天子的合适人选，那么天命就会发生改变，由此发生王朝交替，也就是所谓的易姓革命。董仲舒在这一理论基础上将天地间的自然现象也纳入了理论体系，提出天人之间能够以阴阳之气为媒介相互影响，一旦君主不德、弊政不断，民众的不满积累起来就会扰乱阴阳的秩序，天受到感应后就会降下灾祸谴责君主，假如君主仍然不做出改变，那么天就会毁灭他。在这一理论下，天地间发生的种种灾异都可以被解释成天对君主与为政者所犯下的错误提出的警告，这就是灾异思想。在这之后也产生了与灾异思想相反的祥瑞思想，认为假如君主施行善政，天就会降下麒麟、凤凰等瑞兽或瑞草，又或者出现景云等特殊天象以示褒奖。此外，与灾异、祥瑞思想有关联的谶纬说（神秘学的预言思想）也与儒学结合，在东汉一度非常兴盛。

　　道教思想通过统合主张与自然合为一体的道家学说、祈愿不老长生的神仙思想以及医术、辟邪用的咒术知识而形成，在六朝时代逐渐兴盛起来，而道教思想的基础也是阴阳五行说。到了唐代，密教大量吸收了道教的咒术内容，其中也包括了阴阳五行说的知识。因此我们可以说，阴阳五行说的影响遍及儒释道三家。

官僚机构与术数

《汉书·艺文志》的分类将阴阳家与儒家、道家一起归入诸子，也就是将阴阳家定义为哲学与思想一类，但是阴阳五行说更多是作为实用性的知识与技术被兵书、术数、方技等吸收为其基础要素，因此阴阳家或是五行家这一名词在中国并未用来指代专门研习阴阳五行说的学者。关于擅长占术、灾异、天文、历法等知识的人的相关记载，《后汉书》《三国志》《魏书》《隋书》《唐书》有为他们编纂的列传或是专门的方技传，他们的称呼也不固定，例如"道艺之士"（《后汉书》）、"术数人""术者"（《隋书》）、"道术人"（《唐书》）等都可以用来指代他们。一般来说他们多被称为术者，他们所掌握的技术被称为术数或是方术，其内容从占星术、灾异、风水、望气、巫医到役使鬼神、引发怪异现象等，不一而足。

然而就像司马谈与班固对阴阳家的评价一样，术数包括通过占卜了解未来的吉凶，推算历数或是运用方术祛除不祥等，这些技术一方面对于统治者来说有很高的利用价值，但另一方面，万一被敌对方掌握也就十分危险。因此，基于阴阳、术数的这一本质特征，统治者们通过将他们吸收进官僚机构以求垄断相关技术，也对他们加以保护与控制。负责这一事务的主要官僚机构就是太史与太史局。

太史在汉代是负责掌管记录、卜筮、天文、历数的机构，司马谈与司马迁父子就曾担任太史的长官，也就是太史令；到了隋唐，卜筮被归入负责礼仪仪式的太常寺下属的太卜署管理，而天文、历数、漏刻则被归入秘书省下属的太史局掌管。唐代规定，太卜署的官员除了长官太卜令以及下属的卜正二人、卜师二十人、巫师十五人、卜博士二人、助教二人等技术官僚与教官之外，还有卜筮生四十五人；太史局的官员结构也与此类似，太史令下有司历二人、保章正（历博士）一人、历生三十六人、监候五人、天文观生九十人、灵台郎（天文博士）二人、天文生六十人、挈壶正二人、司辰十九人、漏刻典事十六人、漏刻博士六人、漏刻生三百六十人、典钟二百八十人、典鼓一百六十人等为数众多的专业技术官僚与学生，构成了一个庞大的组织。这些历生与天文生原则上要从专职研学历算与天文的人士中录用，他们在官僚机构中的晋升途经也仅限于太史局和太卜署内部，由此可知当时对于这些学术知识的泄露还是很敏感的；而日本的阴阳寮正是以太史局为模型设置的。

如上文所述，阴阳五行说是对中国的各家思想、宗教与学术产生广泛影响的基础性思想，但并不仅限于此。事实上，它更为人所知的一面是在其实际应用中，即占卜术、天文、历法等占卜未来吉凶的术数领域发挥作用，并且由被称为术者的专家负责。术者们因为掌握这些技能而被任命为太史局或是太卜署的官员，这一点在考察日本的阴阳道时也是非常重要的。阴阳师们可以说就是术者的后裔，阴阳道也在平安时代形成于模仿太史局、太卜署的机能而设置的阴阳寮内部。因此在探讨阴阳道的形成过程之前，在下一节里让我们先将目光转向古代日本，关注术数知识是怎样传入日本的、阴阳寮又是怎样形成的。

二　术数的传播与阴阳寮

经由百济传入

阴阳寮第一次出现在我们的视野之内是在七世纪末的天武朝时期，而与术数相关的知识则从六世纪下半叶就开始传入日本，这主要是因为伴随着隋唐建国，东亚世界内形成了紧张的政治局势与活跃的文化交流。根据《日本书纪》的记载，在继体天皇七年（公元 513 年）与继体天皇十年，百济两度派遣五经博士来日；钦明天皇十四年（公元 553 年）六月，日本方面则向百济提出，由于到了轮替的年限，希望百济能够派遣新任的医博士、易博士、历博士并同时提供卜书、历书与各种药物。次年二月，百济回应这一请求，派遣了易博士施德王道良，历博士固德王保孙，医博士奈率王有悗陀，采药师施德潘量丰、固德丁有陀等人来日。

由此可知，从六世纪开始，百济就定期向日本派遣儒学方面的五经博士与易博士、历博士、医博士等人才。根据记载中国北周历史的史书《周书》中的《百济传》所载，百济"解阴阳五行，用宋元嘉历，以建寅月为岁首，亦解医药卜筮占相之术"，《北史·百济传》中也提到百济"知医药、筮龟与相术、阴阳五行法"，可见百济从中国学习了阴阳术数之学。百济与南朝的关系尤其密切，《宋书·百济传》中提到在元嘉二十七年（公元450年）时百济求取易林、式占、腰弩，刘宋满足了这一请求，百济所使用的《元嘉历》想必也是如此而来。

公元538年还发生了日本史上称为佛教公传的事件，佛教开始正式在日本传播；六世纪的日本对儒学、佛教、术数文化的获取主要都依赖于百济派遣的专业人士，而这些知识正式在日本传播开来与推古天皇十年（公元602年）百济僧侣观勒的来日密不可分。据《日本书纪》所载，推古十年十月百济僧观勒来朝，进献了历本、天文地理以及遁甲方术等相关书物，因此朝廷决定选择三四名书生向观勒学习。学习历法的是阳胡史祖玉陈，学习天文、遁甲的是大友村主高聪，学习方术的是山背臣日立，他们都完成了学业。

历法指的是基于百济所使用的《元嘉历》的编历法，天文则是观测天文异变以判断吉凶的占星术，地理则是选择吉地的相地之术，遁甲是运用式盘进行占卜的一种占卜术，方术则是包括咒法在内的医术知识。根据平安时代中期编纂的《政事要略》卷二十五所引《儒传》记载，日本在两年后的推古十二年正月朔开始使用历日，《日本书纪》中也在这几年之后开始记录日食等天文现象，这也与观勒的来朝有关，他带来的技术由于其政治上的有效性迅速被朝廷采用。

在此之后，随着遣隋使、遣唐使带回新的知识，或是通过从百济等朝鲜半岛诸国来日的有识之士的活跃，术数方面的学术知识不断传入日本。僧旻在舒明四年（公元632年）结束了为期二十五年的留学归国，向中大兄皇子与中臣镰足传授《周易》（《易经》）的知识，在大化改新后的新政府中则出任国博士，是改革派的智囊。

据《日本书纪》舒明九年（公元637年）二月戊寅条记载，这一天出现了大星由东向西划过天空的天变异象，同时还伴有雷声，当时的人们都以为是流星之声如雷，又或者以为是大地的轰鸣声。僧旻指出这不是流星而是天狗，只是其吠声恰好与雷声类似；而舒明十一年（公元639年）正月乙巳条中则提到有长星出现在西北方天空中，僧旻指出这是彗星，一旦现世就意味着要出现饥荒。

关于这些天变记载，司马迁在《史记·天官书》中提到"天狗，状如大流星，有声，其下止地，类狗"，而彗星则在唐代的天文书《天文要录》中有所记载："彗星出西北则大水，五谷不收，人民大饥。"僧旻的论述与这些记述相符，说明他在隋朝学习了天文学，并携带了天文方面的书籍归国。

渡来人的作用

在百济僧观勒与僧旻等留学僧之后，为术数文化在日本的传播做出巨大贡献的，是从朝鲜半岛逃亡而来的渡来人①。齐明天皇六年（公元 660 年），百济败给唐与新罗的联合军，亡国；以鬼室福信为首的百济遗臣迎立此前在日本做人质的皇子丰璋为王，试图再兴百济，齐明天皇也支援了他们的活动。但是在天智天皇二年（公元663 年），日本在白村江海战中大败给唐朝水军，百济复国一事成为泡影，接下来在天智七年（公元 668 年）高句丽也灭亡了。因此，大批失去故国的百济人与高句

---

① 通常泛指由外国渡海来到日本之人，于古代史中特指四至七世纪由中国及朝鲜半岛渡海来到日本的移民集团及其子孙后代，他们为当时的日本带来了先进文化。

丽人都逃亡到了日本，其中包括大量的贵族官员，由于他们的渡来，日本得以直接接触到丰富且高水准的中国文化。

《日本书纪》天智十年（公元 671 年）正月是月条中提到了十多位百济贵族之名，他们都有着百济官位十六阶中最高阶的佐平或是第二阶的达卒官阶，天皇授予了他们大锦①以下的日本官位。其中有人担任的官职被记载下来，如沙宅绍明被任命为"法官大辅"，鬼室集斯被任命为"学职头"；也有些人被注明其在兵法、医药、儒学、阴阳占术等领域学识过人，如谷那晋首"闲兵法"，鬼室集信"能解药"，许卒母"明五经"，角福牟"闲阴阳"。此外还有未被记载人名的达卒五十余人也被授予了官位，由此可知当时至少有六七十名有着丰富学识的百济流亡贵族都在此时一齐被编入了日本的官僚机构。

《怀风藻》是日本现存最古老的汉文诗集，编纂成书于奈良时代，收录了以天智天皇之子大友皇子为首直到奈良时代中期为止的六十四位文人的汉诗，其序文里提到天智天皇在位时设立了学校（后来的大学）。总的来说，《怀风藻》所收汉诗的诗风受到六朝文学的强烈影响，其

---

① 当时日本实行的是冠位制，圣德太子首创冠位十二阶，此后经过几度改订，在天智天皇十年时共分为二十六阶，大锦（细分为上中下三阶）位于二十六阶的第七至九位。

原因是当时教授汉诗的百济流亡贵族受到了六朝文学的影响。前述的鬼室集斯在天智十年时担任学职头（后来的大学头），"明五经"的许卒母则在天武六年（公元677年）五月的记事里以大博士（大学博士）的身份出现，由此可知当时的学职（大学寮）以这些百济流亡贵族为中心进行儒学与汉文学的教育。

天智十年四月的记事里提到，这时候在新台安置了漏刻（水时钟），并以钟鼓之声报时。这代表报时制度的形成，这一漏刻据说是齐明天皇六年（公元660年）天智天皇还是皇太子的时候所造；近年发掘的飞鸟水落遗迹中发现了木制引水管、铜管与盛水用的黑漆木箱，这里被认为是漏刻台的遗址（彩插9）。关于壬申之乱①中与大友皇子争夺皇位并最终获胜即位为天皇的天武天皇，《日本书纪》在其即位前记里也提到他"能通天文遁甲"，还记载了在壬申之乱爆发后不久，他在由吉野前往伊势的途中于隐郡②横河见到黑云覆天，因此亲自取式盘（占卜用具）占卜，预言了自己的胜利。这些记载都说明天智天皇与天武天皇对规定昼夜的时刻制度，以及通

----

① 天智天皇去世后，天智天皇之子——皇太子大友皇子与天智天皇之弟——大海人皇子围绕皇位继承问题爆发的冲突，最终大海人皇子获得胜利即位，是为天武天皇。

② 现在的名张地区。

过天文、占术等预见异变、占卜未来等与阴阳寮相关的学术的关注，这也与百济逃亡贵族的知识所发挥的作用分不开。

阴阳寮的出现

阴阳寮在史料上首次出现是在《日本书纪》天武四年（公元 675 年）正月朔日条，这一条记载了阴阳寮与大学寮诸学生以及外药寮（后来的典药寮）一起向天皇进献药品等珍稀之物的事情，接下来的庚戌（五日）条中则有"始兴占星台"的记载。占星台也就是天文台，世界现存最古老的天文台是韩国的瞻星台（彩插10），据说建于新罗的善德女王在位期间（公元 632～646 年），此后不久日本也建立了天文观测的体制。《日本书纪》的《天武纪》《持统纪》中开始详细记载了彗星、荧惑（火星）、岁星（木星）的接近，二十八宿等星座的记录也出现了，这也可以说是其成果。位于飞鸟、建立于七世纪末至八世纪初的高松塚古坟和龟虎古坟的石制天花板上画有星宿图，尤其龟虎古坟的天花板上的星宿图是现存最古老的天文图，其中画有赤道、黄道、外规①三线并详细描绘

---

① 观测者面向南方时，以南极到地平线为止的距离为半径、以南极为圆心所画出的圆。这条线以下的星象不可见。

了众多中国星座，很好地展现了天文学知识在统治阶级中的传播。

然而术数知识在政治上的有效性与危险性是相对的，如前所述，壬申之乱中天武天皇曾经通过占卜预言了自身的胜利。当时与他同行的只有妻子鹭野皇女（后来的持统天皇）、众皇子以及二十名舍人①，天武天皇的处境确实非常艰难，但是他通过这次占卜，既鼓舞了己方的士气，同时也使自己的叛乱行为正当化。以此为精神契机，此后他统合反朝廷势力发动果敢的进攻，最终击败了正统的近江朝廷。天武天皇去世的朱鸟元年（公元 686 年），他的皇子大津皇子因为谋反的罪名遭到逮捕后被赐死，而根据《怀风藻》的记载，这一事件的发生是基于擅长天文与卜筮的新罗僧人行心（也写作幸甚）的建议。占术与天文是预测未来吉凶的技术，同时根据使用者的立场也有着善恶两用，此后每当出现政治混乱的局面时，这些知识都被当作支持叛乱的利器使用。

僧侣与阴阳寮官员

关于阴阳寮官员的活动的记载，有《日本书纪》天

---

① 侍奉天皇与皇族的下级官员，担任近侍、护卫、使节等职责。令制下分为内舍人、大舍人、东宫舍人、中宫舍人等，其中内舍人由贵族子弟担任，大舍人以下则多由下级官员子弟或是庶人白丁担任。

发现阴阳道

武十三年（公元 684 年）二月庚辰条中记载的派遣阴阳师跟随广濑王等人巡检畿内，寻找适合建都之地的事情，又或是持统六年（公元 692 年）二月时赐予阴阳博士沙门法藏与道基二十两白银之事，这位法藏被认为是天智天皇在位期间流亡到日本的百济人之一。如此这般，在天武朝之后，我们开始能够看到关于阴阳寮官员的姓名与活动的记载，在此我们需要注意的是这两位阴阳博士都是僧侣这一点。自推古朝的百济僧观勒以来，僧侣们带到日本来的不仅有佛教，同时还有多种多样的文化，法藏和道基能够担任阴阳博士这一点也展示了僧侣机能的多样性。

但是文武天皇在大宝元年（公元 701 年）公布了《大宝律令》①，其中《僧尼令》禁止了僧侣"上观玄象，假说灾祥"与"卜相吉凶"，此外《杂令》也规定了要准照大学生的条件录取阴阳生。根据《养老令》官方注释书《令义解》的解释，在录取阴阳寮诸学生的时候要"先取占氏及世习者，后取庶人十三岁以上十六岁以下聪令者"，这里的"世习"指的是三代以上学习并传承某一专门的学术。由于阴阳寮相关学术需

---

① 《大宝律令》的原文现不存于世，其内容复原是根据《养老律令》（公元 757 年颁布）的注释书中所引轶文进行的。

要特殊的专业性，故而能够在血脉间传承这一知识的人更为有利，因此禁止成家的僧侣并不适合这一职业，而且国家在管理上也会有所不便。《僧尼令》的规定与这个关于阴阳寮学生的规定是相对应的，这也是从政府的立场出发，使得专业人士的培育、技能的传承与管理更为便利的措施。

受这一方针的影响，在施行《大宝律令》的大宝元年八月，惠耀、信成、东楼三名僧侣接受敕命还俗，恢复各自原本的姓名：馻兄麻吕、高金藏、王中文。如后所述，这三人都是来自百济与高句丽的流亡人士，同时也是阴阳寮的官员。大宝三年十月，"颇涉艺术，兼知算历"（《续日本纪》）的僧隆观还俗，恢复了本名金财。这里的艺术指的是广义的术数，可见隆观擅于计算历法。他是新罗僧行心之子，行心据说"能解天文卜筮"，在朱鸟元年（公元686年）因为劝大津皇子谋反而被流放到飞驒国，由此可以想象隆观的知识是从父亲处传承而来的。在神龟元年（公元724年）五月，他被赐姓国看连，奈良时代后期被任命为天文博士的国见连今虫被视为他的后人。

除此之外，在元明朝的和铜七年（公元714年）三月，有一位名叫义法的出家人在还俗后一跃晋升为从五位

发现阴阳道

下，成为大津连意毗登（有时也写作大津连首①），这也是朝廷为了利用他的占卜之术而采取的措施。他是在庆云四年（公元 707 年）由新罗归国的学问僧，后来在天平年间被任命为阴阳头。他的族人里还有奈良时代后期的阴阳头大津大浦与延历十六年（公元 797 年）七月由于"占雾有验"（《日本纪略》）得到赏赐的阴阳允大津海成，可见大津一族是世世代代担任阴阳寮官员的所谓"世习"之家。

大津一族是居住在近江国志贺郡的汉人系渡来氏族，与志贺氏是同族关系，与他们同族的还有在推古朝时向渡来僧观勒学习天文遁甲的大友村主高聪所属的大友氏，以及三津首氏等。后来开创了比叡山延历寺的僧侣最澄就出身于三津首氏，根据他的传记《叡山大师传》所载，最澄在年少时于村邑的小学中学习了阴阳、医方、工巧等知识。这里提到的村邑小学被认为是志贺地区的汉人诸氏族为了教育同族子弟而兴建的教育机构，因此可以推断大津氏等氏族内之所以能诞生众多阴阳寮官员，是因为大友村主高聪的存在，这是氏族传统的一个表现。

---

① "意毗登"与"首"发音相同，均为"おびと"，"首"是奈良时代的氏姓之一，有时也作人名出现，一段时期内为了避讳（圣武天皇名为"首皇子"）而出现了"毗登"的写法。此处即为人名，此人姓大津，氏为连，名为首（意毗登）。

渡来人的力量

在阴阳寮创立初期，人才方面主要依赖于渡来系氏族的力量，而他们究竟具体掌握了哪些技能？正仓院文书中留存下来的题为《官人考试帐》的古文书断简能够为我们解答这个问题。

阴阳师

中上

　正七位下行阴阳师高金藏　年五十八，右京

　　　能　太一　遁甲　天文　六壬式　算术　相地

　　　　　　　　　　　　　　日三百零九

　　　恪勤匪懈善，占卜效验多者最

　从七位下守阴阳师文忌寸广麻吕　年五十，右京

　　　能　五行占　相地

　　　　　　　　　　　　　日二百九十四

　　　恪勤匪懈善，占卜效验多者最

阴阳博士

　从六位下行阴阳博士鰔兄麻吕　年四十三，右京

　　　能　周易经及楪（揲）筮　太一　遁甲　六壬式　算数　相地

　　　　　　　　　　　　　日二百八十九

　　　恪勤匪懈善，占卜效验多者最

天文博士

　　从六位下行天文博士王中文　年四十五，右京

　　　　能　太一　遁甲　天文　六壬式　算术　相地

　　　　　　　　　　　　　　日二百七十

　　　　恪勤匪懈善，占卜效验多者最

漏刻博士

　　正七位上行漏刻博士池边史大嶋　年五十七，右京

　　　　能　匠　　　　　　　　　　日三百一十

　　恪勤匪懈善，访察精审，庶事兼举最

　　根据律令制度，官员需要每年由所属机构的长官进行考勤评定，评定一共分为从"上上"到"下下"九个等级，考勤的基准包括出勤天数，以及能否获得评价勤务态度的四项"善"与评价勤务能力的"最"的判定。前引史料就是记录了考勤资料的考文（评定表），虽然不清楚具体是哪一年，但根据文书中出现的职位判断，这应该是在《大宝律令》制定后不久的公元704～714年的文书。文书中出现了阴阳师高金藏与文广麻吕、阴阳博士躯兄麻吕、天文博士王中文、漏刻博士池边大嶋等阴阳寮初期的技术官员，并详细记载了他们的位阶、年龄、居住地和出勤天数等具体信息。他们是中央政府的常勤官员，根据规定，一年的标准出勤天数只需要达到二百四十天

即可，所有人的出勤天数都超出了这个最低限制，获得
了恪勤匪懈之"善"与占卜效验之"最"的评价，由此
他们这一年的考核被定为"中上"。在此我们要注意的
是文书中记载他们所掌握的技能的部分，也就是"能"
这一项。

在"能"这一项中提到了太一、遁甲、六壬式，这
是利用占盘而进行的式占方式，尤其太一与遁甲都是
《杂令》中定为秘书的占卜方式，前文也曾提及天武天
皇擅长天文与遁甲式。六壬式则是此后平安时代的阴阳
师们最经常使用的占卜方式。除了这三式之外，高金藏
还擅长天文、算术、相地，觫兄麻吕还擅长周易经及楪
（揲）筮、算术、相地，王中文则擅长天文、算术、相
地之术，三人都掌握了六种技能。阴阳博士的工作是教
授阴阳生卜筮、相地之术，阴阳师的职责则是负责运用
这些技能，因此他们擅长周易与式占、相地之术也是理
所当然的，但是觫兄麻吕还擅长算术，高金藏还通天文，
此外天文博士王中文则在职业所需的天文之外还掌握了
三种占卜方式与算术、相地之术，可知这三人都掌握了
多种高超的技能。

与此相比，阴阳师文广麻吕的"能"只有五行占与
相地两项。五行占不使用占卜用具，而只是将各种怪异现
象对照占书的记载，根据其五行属性来判断吉凶，在技术

层面上比起上述三人要落后不少。漏刻博士池边大嶋的
"能"则只有匠一项，想必是由于漏刻博士的职务内容只
是管理水时钟，以及率领部下守辰丁负责报时工作，是单
纯的技术性职务。由此看来，即使同是阴阳寮的技术官
僚，内部也存在巨大的个人能力差距，而这一差距似乎与
出身氏族有关。

嵯峨天皇在位期间的弘仁六年（公元 815 年）编纂
成书的《新撰姓氏录》记载了各氏族的出身信息，其中
在高氏的条目下提到高氏是"高丽国人从五位下高金藏
（法名信成）之后也"，王氏的条目下也说王氏"出自高
丽国人从五位下王中文（法名东楼）也"，也就是说二
人都是由于天智八年（公元 668 年）高句丽灭亡而远离
故国，在幼年时期来到日本的第一代渡来人。此外觿兄
麻吕也被写作角兄麻吕，被视为天智十年时由于"闲阴
阳"而得授冠位的百济逃亡贵族角福牟的子弟。与此相
对，文广麻吕与池边大嶋等人则奉相传于四世纪应神天
皇时期由百济来朝的王仁与阿知使主为祖先。换言之，
众人在技术方面的差距与他们渡来日本时间的长短也有
关系。

即便如此，这里所记载的五名技术官僚都是渡来人，
再加上此前提到的金财（即僧侣隆观）与大津意毗登，
可知阴阳寮的初期事务几乎都由渡来人负责。其中尤其值

得注目的是天智天皇在位期间，由于母国灭亡而渡来日本的百济人与高句丽人掌握了先进的技能，一度是阴阳寮的中心人物，这也是可以理解的。

阴阳寮的机构与职务

大宝元年（公元 701 年）制定的《大宝律令》中规定，在中务省下设置了负责阴阳（占术）、历、天文、漏刻的阴阳寮。《大宝律令》的原文现在不存于世，但是在其之后被采用的《养老律令》中同样有关于阴阳寮机构设置的相关规定，两者的内容被认为是一样的。在《养老律令》的《职员令》中有如下规定：

阴阳寮

头一人。掌天文、历数、风云气色，如有异密封奏闻。助一人。允一人。大属一人。少属一人。

阴阳师六人。掌占筮、相地。阴阳博士一人。掌教授阴阳生等。阴阳生十人。掌习阴阳。

历博士一人。掌造历及教授历生等。历生十人。掌习历。

天文博士一人。掌候天文气色，有异密封及教授天文生等。天文生十人。掌习候天文气色。

　　漏刻博士二人。掌率守辰丁，伺漏刻之节。守辰丁
二十人。掌伺漏刻之节，以时击钟鼓。

　　使部二十人。直丁三人。

　　阴阳寮以唐代的太史局与太卜署为模型，在事务官僚方面有以长官阴阳头为首的助、允、大属、少属等人，在技术方面则有四个部门，分别是：①负责占筮之术与占地吉凶的阴阳部门，其下属包括阴阳师、阴阳博士、阴阳生；②负责每年编写历书，预报日月食的历部门，其下属包括历博士、历生；③负责观测天文与气象异常的天文部门，其下属包括天文博士、天文生；④负责管理水时钟与报时的漏刻部门，其下属包括漏刻博士、守辰丁。这四个部门内都配属有博士与学生，负责学习与使用各领域的知识技术。但是除学生与杂务（使部、直丁等）以外，日本阴阳寮的官僚及技术人员一共只有十六人，而唐朝则在两个机构内共配备了一百一十二人，可见日本与唐在国家规模及历史发展上的差距（表1-3）。此外，日本在负责管理九州、别称"远朝廷"的大宰府也配备了一名阴阳师。

在阴阳、历、天文、漏刻四部门之内，阴阳部门设置了六名阴阳师，在职员比例上远胜其他部门，是阴阳寮的中心。阴阳师的职责是占筮与相地，阴阳生则在阴阳博士的教导下学习"阴阳"之学，其具体内容也是占筮、相地等占卜之术，阴阳寮的名字毫无疑问正是由此而来的。此外，阴阳寮的古训为"占之司"（ウラノツカサ），因此可以说阴阳寮是以占卜为中心，统合历、天文、漏刻等相关领域的术数官厅。此外，唐朝的太卜署是在掌管礼法仪式的太常寺的管理之下负责龟卜、易筮、式占等占卜的机构，然而，由于龟卜之术早在古坟时代就传入了日本，朝廷神官在神祇祭祀时所使用的卜定之法就是龟卜之术，因此在律令规定中龟卜之术也是神祇官下属卜部的职责，而非阴阳寮所掌（律令制中提到"卜"时一般指的都是神祇官下属的占卜，而"占""筮"等则指的是阴阳寮的占卜，古代史料也基本遵守了这一原则。在接下来的行文中与卜占相关的用词也会遵循史料的记载）。

如上所述，政府在实施《大宝律令》时一方面禁止了僧侣的占卜行为，在此之前他们一直是阴阳、术数知识的主要传播者，另一方面让僧侣中的有识之士还俗担任阴阳寮官员，更将遁甲、太一式与天文书等指定为禁书，竭力将这些知识与技术置于自己的管理之下。目前已知的八世纪阴阳寮官员中一半以上都出身于渡来系氏族，如前所述，其中又以百济和高句丽亡国之后逃亡至日本的朝鲜半岛人士最为引人注目。然而，这些技能在传到日本后不久，就由于这一领域需要高度的专业性而出现了后继乏人的问题。天平二年（公元 730 年）三月，政府制定了得业生制度，指定阴阳、医术、七曜历及颁历等领域为不可废止的"国家要道"，优待学习相关领域的学生，为其提供衣食；又在天平宝字元年（公元 757 年）八月提出阴阳寮与大学寮等同为"国家所要"，赐予其田地供学生使用。

阴阳寮的书目

向阴阳寮颁赐田地的天平宝字元年的十一月，政府出台了大学寮、典药寮、阴阳寮学生在被任命为官僚前需要掌握的书目，其中阴阳寮的指定书目如下：

阴阳生：《周易》《新撰阴阳书》《黄帝金匮经》《五行大义》

天文生：《史记·天官书》《汉书·天文志》《晋书·天文志》《三家簿赞》《韩杨要集》

历生（与大学寮下属的算生一样）：《汉书·律历志》《晋书·律历志》《大衍历议》《九章》《六章》《周髀》《定天论》

　　这些都是由中国传来的专业书籍，阴阳生的指定教材中的《周易》指的是易占之书，也就是著名的《易经》，至于《新撰阴阳书》《黄帝金匮经》《五行大义》都是关于日时的吉凶禁忌、式占、五行说的专业书籍，这也与阴阳部门的职能以占卜之术为中心相符合。

　　与此相关，奈良时代的阴阳寮里还不怎么见得到与咒术及祭祀相关的活动，这也是奈良时代阴阳寮的特征之一。阴阳寮官员开始以咒术活动家的身份频繁活动是在进入平安时代之后，由此形成了咒术宗教阴阳道。在藤原京及平城京或者是地方官衙的遗址中发现了大量的咒符木简与人偶等咒术道具，可知从七世纪末开始与道教有关的咒术就颇为盛行。每年年末按照惯例要举办名为大祓的仪式，这是传统的神祇祭祀之一，东西文部之人要在这一仪式上诵读下面的咒语，祈愿天皇的身体健康与长寿。

　　谨请皇天上帝、三极大君、日月星辰、八方诸神、司命司籍、左东王父、右西王母、五方五帝、四时四气，捧以银人，请除祸灾；捧以金刀，请延帝祚。

　　　　　　　　　　　　　　　　（《延喜式》卷八）

发现阴阳道

这一咒文延请道教系诸神降临，将天皇身上的灾祸转移到银人（贴有银箔的人偶）上，再将银人放入水中流走；挥振金刀（刀剑）以求驱散邪鬼，为天皇祈祷延命，这成为后来平安时代阴阳师经常举办的"河临祓"的原型。阴阳师通过使用刀剑驱鬼的反闭、身固的原型也与掌管医疗的典药寮咒禁博士等人的咒禁、解忤、持禁之法有关，也就是说，这些咒术在律令规定下原本是属于神祇官祭祀或典药寮咒禁博士的职责。

在天文历法领域，除了《三家簿赞》《韩杨要集》（韩杨撰《天文要集》）等天文书目、《大衍历议》《九章》等历法、算术书籍之外，还指定了《史记·天官书》《汉书·天文志》《汉书·律历志》《晋书·天文志》《晋书·律历志》等中国正史的篇目，这些都是对于理解中国的天文学、历学的概要与构成非常重要的书。

附言一句，《汉书》与《晋书》等正史中同样有基于阴阳五行说编纂的《五行志》，其中记录了汉代与晋代的各种灾害与怪异现象，并阐述了其吉凶，但是不知为何并未成为阴阳寮指定的阅读书目。

儒学的灾异思想与五行占书

此前已经提到过，在汉代儒学与阴阳五行说相结合，产生了将灾害与怪异视为天对统治者发出的警戒的观念，这被称为灾异思想。"灾"指的是旱魃、洪水、饥馑、蝗灾、火灾、兵乱等灾害，"异"指的是包括日食、地震、寒暑不调以及动植物的异变等在内的怪异、变异现象，灾异说在西汉后期成为风靡一时的政治思想。历代皇帝一旦遇到灾害与怪异现象，就要下罪己诏反省自身的失德，为了回应天谴、缓解民怨，采取例如减免租税、救济贫民、调查冤罪、大赦天下等措施，又或是命令臣下就政治得失提出意见等，以实现德政。《汉书》之后的中国历代正史中收录有《五行志》与《天文志》，详细记录了灾异与天变，这也是基于天变灾异与王朝及皇帝的政绩密不可分的认知。

在接下来的东汉时期流行谶纬说，这是一种神秘主义的预言学说，出现了基于五行说进行吉凶预言与解释的纬书，还出现了许多带配图的符瑞书、灾异书及天文书等。正史的《五行志》中，也以占文的形式收录了预兆事件发生的原因以及与之后发生的事件间的影响，其中引用了许多如《洪范五行传》《京房易传》等以阴阳五行说对过去的事例加以解释并阐明原因与预兆的文献，以及以董仲舒、刘向和刘歆父子等为代表的儒家学说。基于五行说对怪异进行分类解释的活动此后也兴盛不衰，更普及到了民间，换言之，每当发生了灾害与怪异现象，通过五行占书判断其吉凶，正是古代中国应对这些事件的传统方法。

发现阴阳道

让我们来看看其中一个例子，那就是英国东洋学者斯坦因收集的敦煌文书中有一份宋朝太平兴国九年（公元 984 年）二月十一日的《敦煌王曹氏镇宅疏》。这是敦煌的统治者曹氏为了避免怪异现象造成的不祥而祭祀五方五帝、土地阴公、山川百灵、一切诸神等天地神灵的祭文。

根据文书所载，此时发生的怪异现象是一个水池里突然出现了一个大洞，十天过去后水仍然不停外流。曹氏担心这是天降下的灾祸又或者是土地的异变，因此请阴阳师占卜。阴阳师查阅《百怪书图》后回答，这是家人生病、死亡或争斗，以及官府内出现事故的前兆，因此曹氏举办了祭祀，希望祛除不祥。《百怪书图》是五行占书，记载了动物、植物及山、川、石等各种自然物的怪异现象，以及这些怪异所预示的未来吉凶，并将这些事例根据现象分门别类。法国的东洋学者伯希和于二十世纪初在敦煌收集的古文献中有《白泽精怪图》与《地镜》的断简，这些也是五行占书（彩插 11 ～ 12）。这种五行占书被认为最早出现于中国的南北朝时期，在九世纪末成书的《日本国见在书目录》中也能见到许多相关书目，由此可知五行占书经由遣唐使等人传入了日本。事实上，在安倍晴明的后裔土御门家中就有《地镜》等五行占书的轶文流传下来（现在属于京都府立综合资料馆所藏若杉家文书）。

与鼠相关的怪异现象

接下来，首先从收集了唐代各种占书条文的《开元占经》卷一百一十六中引用与鼠相关的怪异现象的占文。

> 京房曰：鼠群行，有水，期一年。
> 又曰：鼠无故群不居穴，众聚居殿中者，其君死。
> 《地镜》曰：鼠无故群行，不畏人，昼为饥，夜为兵。
> 曰：鼠群行入廷，豪侵弱。又曰：或道中有兵丧。

鼠成群移动的现象容易惊吓到人，因此让人不安，担心有某些不吉之事将要发生，但是《京房易传》与《地镜》等五行占书将这一怪异现象解释为洪水、君主之死以及饥馑等事件的前兆。附言一句，鼠也就是十二支里的"子"，据五行说主北方、主水，在感情方面则是衰退的征兆。中国流行的是这种占卜法，最初日本也有过使用这种占卜法的时期。《日本书纪》天智天皇元年四月条中就有如下记载：

> 鼠产于马尾，释道显占曰：北国之人将附南国，盖高丽破而属日本乎。

发现阴阳道

僧侣道显就马尾后有小鼠出生的怪异现象进行了占卜。这一占卜正反映了当时的国际形势，唐朝军事介入朝鲜半岛的政局，百济灭亡了，高句丽也处于生死存亡的危机之中。五行说中将子鼠配置于北，与此相对，午马则被配置于南，因此鼠与马分别被解读为北方的高句丽与南方的日本，因此得出了高句丽将要附属于日本的结果，这也是五行占的一种。

像这种利用占书解释现象的占卜方法，虽然在利用天文占书的天文道中保留了下来，但是解释灾害与怪异现象的五行占并没有在日本站稳脚跟。对于将灾异视为神明作祟，更加重视通过占卜与巫女降神来询问神意的日本而言，或许难以习惯五行占书的占卜方法吧。而中日两国的这一区别，也成为日本孕育出以占卜怪异现象的占卜术与祛除怪异现象的各种咒术为中心的阴阳道的重要原因。

吉备真备的术数观

除了前述的教材之外，还有许多其他在奈良时代传入日本的书籍，这些书籍绝大多数都被认为是遣唐使带回来的。遣唐使中的代表者——留学生下道（后改姓吉备）真备在唐留学十八年后于天平六年（公元 734 年）归国，带回了唐朝正在采用的历法《大衍历》和通过测影来确定季节与方位的测影铁尺等与阴阳寮相关的器物，除此之外，他还带回了儒学、音乐、武具等多方面的文物。他虽是儒家出身，却一路晋升至右大臣的高位，并因此而闻名。

平安时代后期的历史书《扶桑略记》关于吉备真备有如下评价："凡所传学，三史五经，名刑算数，阴阳历道，天文漏刻，汉音书道，秘术杂占，一十三道。夫所受业，涉穷众艺。"唐朝赏识他的才能，不允许他归国，因此吉备真备驱使秘法，引发了封印日月等怪异现象。唐朝通过占卜发现这些怪异现象是吉备真备引起的，才终于允许他归国。吉备真备的这一入唐传说极富传奇色彩，原载于《江谈抄》一书中，这本书记录了汉文学者大江匡房（公元1041—1111年）的谈话内容。由此可见，到了平安后期，将吉备真备视为行使秘法的阴阳道达人乃至是阴阳道始祖的观点已经很成熟了。但这当然是后世虚构的，现实中的吉备真备是大学寮的儒官，与这一传说中的形象有很大差距。

吉备真备给子孙留下了名为《私教类聚》的家教书，这本书现在留有若干轶文，其一是"应知筮占"。吉备真备提到，对于五行说以及历注的吉凶说、方位神的位置等大概的知识应该要有所了解，但是不应当以此为业，还引用了北齐颜之推（公元531—595？年）的《颜氏家训》："世传云：'解阴阳者，为鬼所嫉。'"他认为以阴阳为业会遇上灾异，难以过上安稳的生活。他既从政治统治者的立场出发承认阴阳寮相关学术与术数的有效性，同时又基于儒家的客观主义立场指出滥用这一技术的危险性。这与《论语》中"子不语怪力乱神"的观点以及班固在《汉书·五行志》中对阴阳家做出的评价相通，是儒家对这些知识的一般认识。

《私教类聚》被认为成书于宝龟元年（公元 770 年），在数年前的天平宝字八年（公元 764 年）九月，企图谋叛的藤原仲麻吕向阴阳寮官员大津大浦询问叛乱可否成事，却被大津大浦告密，因此大津大浦一下从正七位上被提升为从四位上。次年，大津大浦被卷入和气王的谋叛事件，遭到连坐左迁，并最终被解任，他所持有的天文、阴阳书籍全部被没收。延历元年（公元 782 年），阴阳头兼天文博士山上船主因牵涉到冰上川继的谋叛事件而被流放到隐岐。这些事件都证明了吉备真备所畏惧的术数知识的危险性。在山上船主落马之后直到九世纪中期为止的约八十年之内，阴阳头都不由阴阳寮出身的技术官僚担任，而是由儒家或是贵族官僚来担任，这可以被视为政府反省这一问题而采取的举动。但是与这一人事政策相反，在下一章我们会发现，这期间政府与贵族对术数知识的依赖性日渐增强。

第二章　阴阳道的成立

一　灾害与怨灵

桓武皇统的时代

　　桓武天皇于延历三年（公元 784 年）将首都由平城京迁往长冈京，而在延历十三年（公元 794 年）又放弃了长冈京而迁都平安京，这就是平安时代的开幕。位于奈良的首都曾经是律令国家的中枢与天平文化的中心，被视为是圣武天皇等天武系天皇的根据地，而桓武天皇放弃了这里，将全部精力投入新都城的建设与对陆奥虾夷的征讨。可以说，桓武天皇实际上是一位新王朝的创始人。

　　桓武天皇的生母是出身百济的高野新笠，因此他有着渡来系氏族的血统。在他还被称为山部王的青年时代，他被任命为大学头，因此对儒学与中国文化也颇为了解。即位后不久，他为了确立自身皇统的权威而积极导入唐王朝的文化与制度，例如在诏书中引用《春秋公羊传》与《礼记》等儒学经典，或是在延历四年与延历六年时在河内国交野郡举办中国式的祭天大典。他的这些政策也被其后继者——平城、嵯峨、淳和这三位天皇所继承。

嵯峨天皇在位期间的弘仁元年（公元 810 年）发生了药子之变，这是平城上皇的宠妃藤原药子以及药子的兄长藤原仲成图谋让上皇重祚而引发的政变，在这次政变之后的弘仁、天长、承和的约三十年间，嵯峨天皇（上皇）作为皇室的族长，凭借其权威在很长一段时间内维持了政局的稳定。在这期间完善律令政治体制的《弘仁格》《弘仁式》和规定宫内年中行事①细则的《内里式》得以编纂，在弘仁九年（公元 818 年）礼法、服色与宫殿、宫门的名称都被改为唐朝风格。基于儒学的德治理念，在这一时代里官僚即使出身低微，只要有才能就能得到提拔，儒学者与文人辈出，《凌云集》《文华秀丽集》《经国集》等敕撰汉诗集成书，同时"文章经国"的思想兴盛，文学被认为具有振兴国家的高度政治性作用。此外，为了培

---

① 指在每年的特定时间，由特定集团举行的仪式、活动。这里指的是宫中每年固定举行的宗教性或公事性的仪式，例如朝拜、节会、祭祀、任官仪式等。

育人才，在大同元年（公元 806 年）与天长元年（公元
824 年），五位以上贵族的子孙按规定都要进入大学寮学
习。此时是汉文化的全盛期，此时的文化被称为弘仁
文化。

然而，与表面上的繁花锦簇相反，对地方百姓的统治
不当，尤其是庸调税物滞纳导致的律令财政危机使得朝廷
的支配开始动摇，律令国家一步一步走向解体。苦思对策
的贵族们的意识与政治理念也开始出现变化，最终导致儒
家合理主义的后退，处于摄关时期的贵族政权迎来了倾向
于保守，以纤细的感性与美意识为特征的国风文化的时
代。这一变化的政治节点是承和之变，它发生在嵯峨上皇
驾崩两天后的承和九年（公元 842 年）七月十七日。

承和之变

承和之变的政治背景如下：嵯峨天皇指定自己的弟弟
大伴亲王（淳和天皇）为继承人，立他为皇太子；而淳
和天皇即位之后则将嵯峨上皇的皇子正良亲王（仁明天
皇）立为皇太子，让他继承了皇位；仁明天皇也将淳和
上皇的皇子恒贞亲王立为皇太子。这种禅让行为展示出将
皇位让与有德之士的儒家圣世之景。然而，这一禅让行为
使得皇统分为嵯峨与淳和两系，由此导致官员内部也偷偷
形成了相互对立的两派。嵯峨上皇在世期间，他的个人权

威维持了政局的平稳，但是公卿之内形成了两派，一派是与嵯峨、仁明有外戚关系的藤原良房、橘氏公等人，另一派是与淳和、恒贞更亲近的藤原爱发、藤原吉野、文室秋津等人。一旦恒贞亲王即位，藤原良房等人毫无疑问会在政局上陷入不利境地。

承和七年（公元 840 年）淳和上皇撒手人寰，两年后的承和九年七月十五日嵯峨上皇也与世长辞，两派之间的对立瞬间激化。有人密告春宫坊带刀舍人伴健岑与但马权守橘逸势等人试图奉皇太子恒贞亲王为首起兵谋叛，因此皇太子被废黜，伴健岑、橘逸势等人都被流放，藤原爱发被免官，藤原吉野也遭左迁，共有六十余人受到连坐。在接下来的八月四日，仁明天皇的皇子道康亲王（文德天皇）被立为皇太子，他是藤原良房的妹妹顺子与仁明天皇所生的皇子，因此可以想象这一事变其实是藤原良房的阴谋，他以此实现了立道康亲王为太子并清除对立势力的目的。这次事件之后，中央政权由藤原良房一派掌控，对立势力被一扫而空。同时，在此之前，文人、良吏即使出身卑微，只要能力得到天皇的认可就能够晋身官界；在这次事变之后文人官僚的晋升之路变得困难，上级官职逐渐由贵族世袭，最终迎来了由藤原氏一家独掌政权的时代。因此可以说，承和之变也是律令政治变为摄关政治的转折点。

阴阳道的形成背景，也与这种以儒家合理主义理念为背景的律令政治向以"大和心"为基调的摄关政治和国风文化的转变有关。本书将阴阳道定义为形成于九世纪后半期至十世纪、以阴阳寮为母体的咒术宗教，阴阳寮官员原本只负责术数，但逐渐开始进行以祛除灾祸为目的的祭祀与祈祷等宗教活动。由于这种变化是基于朝廷与贵族的命令而形成的，说得极端一点，阴阳道就是为响应以藤原良房为首的贵族政权的要求而形成的。

因此，本章将主要探讨贵族统治阶层内部产生了怎样的认识变化，使得阴阳道从阴阳寮的职务内容演变为一种咒术宗教。为了探讨这一问题，需要对当时的贵族阶级对灾害与占卜的认知进行分析，因为这对于他们来说一直都是一项政治性课题。因此，虽然接下来讨论的话题似乎有些偏离主题，但是我们首先仍然要探讨古代对于灾害的认知方式。

古代的灾害观

灾害在日语中读为"わざわい"（災い、禍），从语源上分析"わざ"指的是鬼神之所为（わざ＝業），"はひ"① 则是表现其结果的词尾，指代范围小至某个人受到的伤害、疾病、坏事等以个人为单位的事件，大至影响到

① "はひ"是古假名，相当于"わい"。

社会的灾难与祸患。古代人如何认知各种各样的灾害？接下来从风土记与记纪①中的故事来对这一问题进行探讨。

风土记中出现了众多神明，他们一方面为人民带来种种福利，另一方面也会因为震怒而给人民带来危害。《出云国风土记》中对楯缝郡的记载提到在神名樋山顶上的石神"当旱祈雨时，必令零也"，也就是说，他被视为能够回应祈雨、掌管降雨的神明；而《肥前国风土记》基肆郡的记载中则提到，在姬社乡里有"荒神"多次杀害行人，占卜之后得到的结果是让筑前国宗像郡一位名为珂是古的人为神明修建神社进行祭祀，在珂是古受命建设神社之后，这一灾祸也就消失不见了。

《山城国风土记》轶文中提到，在钦明天皇在位时，全国强风暴雨不断，人们为此忧虑，天皇命令卜部伊吉若日子就此进行占卜，占卜的结果是贺茂神作祟，在四月里择吉日祭祀了贺茂神，于是五谷丰登，国家富饶。

《古事记》中关于崇神天皇的记事中提到，由于突然发生的疫病，人民多有病死，这时大物主神出现在天皇的梦中，告诉他这场疫病是自己引起的，只要让名为意富多多泥古的人进行祭祀，那么"神之气"就能平息，国内也就能恢复安稳。此后天皇在河内国找到了大物主神的后

---

① 指《古事记》与《日本书纪》。

裔意富多多泥古，让他担任神官在御诸山上祭祀大物主神，同时为天神地祇都安置了神社。疫病终于平息，国家恢复了安泰。同样的故事在《日本书纪》的《崇神纪》中也有记载。

这些都是神明为了要求祭祀而兴起灾祸的事例，同样也有因为人民冒渎神明而招致灾难的例子。在《播磨国风土记》中记载了应神天皇在位时来朝的新罗客因为盗掘神岛上的五色神玉而受到神明报复的故事，书中说他所挖掘的五彩玉其实是石神的眼珠，石神因此震怒引发暴风破坏了新罗人的船，使得所有人死于船难。《常陆国风土记》则提到久慈郡的天神立速男命时常作祟，周围的人只要面向神明大小便就会引发灾祸，因此周围的人多受困于疾病，于是向朝廷请求祭祀这一神明，将净所转移到贺毗礼的高山上。

这些灾祸都被认为是神明表现自己需求的方式，或是神明对人类某些行为的愤怒。至于具体是哪位神明作祟，则通过降神或是占卜来确定。这一认识很好地反映了当时的人们对灾害起因的认知，即人类与自然的秩序是基于神的意志维持的，人类的行为与信仰也会对神明产生影响。

律令制下的天皇与灾异

在古人的观念中，神明通过作祟的方式表达自己的意思，表现在个人身上就是意外受伤或是生病，严重者甚至死亡，而在地域或共同体社会内则表现为疫病、干旱、风水灾害等。这些灾害严重时会让当地社会瞬间崩溃，为了应对这样的灾害，各地域的首长与王担负着以共同体代表的身份祭祀神明，祈求神明平和怒气，不要降下灾害的责任。随着大和政权演变为律令国家，统治权实现了一元化，天皇与朝廷则承担起这一责任，负责应对国内发生的灾害，祈祷自然秩序的恢复。

律令《神祇令》中有关于在不同季节内举办神祇祭祀的规定，例如二月里向天神地祇祈求一年丰登的祈年祭，三月里在大神神社举办将疫病神分镇四方以求遏制疫病发生的镇花祭，四月与七月里为求五谷丰登、风调雨顺而举办的广濑神社大忌祭与龙田大社风神祭，六月与十二月里举办的遏制火灾的镇火祭，同样在六月与十二月里举办的道飨祭则是为了防止带来疫病的"鬼魅"进入京内，等等。这些祭祀有的祈求防止灾害的发生，有的祈求寒暑风雨等自然恩惠以求五谷丰润，最终都是为了祈求以天皇为中心的国家的安泰。

然而，统治阶层一方面具有这种传统的神祇观念与自然观念，另一方面也接受了中国的灾害观念。在奈良时代，伴随着律令制度的导入，儒学帝王观念也风靡一时。根据这一观念，天皇也是接受天帝委任进行统治的有德之君，灾害与怪异则是上天对天皇失德或是恶政的警示，因此当频繁发生灾异之时，天皇与中国的皇帝一样都会颁布罪己诏。换言之，当时传统观念与儒学政治理念同时存在：传统观念认为灾害是神明作祟，因此不能疏忽祭祀；而儒学观念则认为灾害是上天对天皇失政的警示，因此要勤行善政。

通读《日本书纪》与《续日本纪》的灾害记录会发现，七世纪末的天武朝之后虽然多见因为干旱等灾害向诸社奉币的记载，却几乎不见通过占卜推定这些灾害究竟是哪些神明在作祟的记录。当然，根据风土记与记纪所载的传说可知，人们遇到作祟时多是通过降神与占卜来推定具体是哪位神明在作祟的，因此当时当然也进行了由神祇官负责的占卜。但是这些占卜及其结果之所以没有在国史中留下记载，是因为儒家将灾害视为统治者的不德引发的上天警示，对此进行占卜则是对天意的怀疑。在律令政治鼎盛期，儒学观念与神祇信仰之间一直保持着这样的平衡。

但是这种多重关系最终出现了破绽，以律令制度开始崩溃解体的八世纪末为开端，发生灾异时让神祇官与阴阳寮进行占卜的记载开始频繁出现，对于灾异的解释也开始偏重于神明与怨灵的活动。宝龟三年（公元 772 年）西大寺的塔发生震动之时，通过占卜得知这是采伐小野社的树木造塔而导致的神明作祟；延历元年（公元 782 年）

则因为灾异与妖怪活动的征兆频发而让神祇官与阴阳寮进行占卜，其结果是伊势神宫与诸社的神明作祟；大同元年（公元806年）针对太阳发红而无光，同时京郊大井地区及比睿山等地发生了山火的现象进行了占卜，结果将原因归结于贺茂社的神明作祟；天长九年（公元832年）五月则通过占卜认为当时的旱灾是伊豆国的神明作祟。如此这般，从这一时期开始，每当灾异发生时就进行占卜，将灾异解释为个别神明作祟的倾向逐渐明显。

怨灵作祟与占卜

与神明作祟相似，这一时代的一个显著现象是对怨灵的恐惧。延历四年（公元785年）九月，桓武天皇的心腹重臣——当时正在负责长冈京修建工程的藤原种继遭到暗杀，桓武天皇的弟弟，也就是当时的皇太子早良亲王遭受连坐而被废，后来在被流放到淡路国的途中绝食身亡。在这之后，桓武天皇的夫人藤原旅子、母亲高野新笠、皇后藤原乙牟漏、夫人坂上又子等亲近之人相继去世，延历十一年（公元792年）六月，代替早良亲王被任命为皇太子的安殿亲王病重，占卜的结果显示是早良亲王的怨灵作祟，因此早良亲王瞬间被视为怨灵神，引起了恐慌。除了早良亲王之外，桓武天皇恐惧的怨灵还有光仁天皇的废后井上内亲王，她是桓武天皇登上皇位的牺牲品。在延历十九年（公元 800 年）七月，桓武天皇追封早良亲王为崇道天皇，恢复井上内亲王的皇后地位，将两人的坟墓建为山陵并在此后为两人修寺以求安抚怨灵。就这样，桓武天皇直至死亡之际都一直被对于怨灵的恐惧折磨着。

此后，人们对于怨灵的畏惧更是日渐增长。人们开始认为，怨灵不仅会给相关人士带来灾害，而且可能会成为广域灾害的原因，例如大同四年（公元 809 年）七月的旱灾就被认为是吉野山陵（井上内亲王陵）作祟的缘故，人们对山陵进行了打扫并诵经以求抚慰怨灵。翌年七月，嵯峨天皇的疾病被认为是藤原乙牟漏作祟，她是桓武天皇的皇后、嵯峨天皇的生母，因此人们在她的山陵——高田山陵内举办了镇祭。天长八年（公元 831 年），淳和天皇外祖父藤原百川的相乐墓作祟，人们进行了清扫并在墓前诵经。除此以外，承和八年（公元 841 年）五月的旱灾被占卜认为是对神功皇后山陵及香椎庙的供奉不足引起的，由此可知，桓武天皇去世后，由于人们对怨灵的畏惧心理的增强，原本没有作祟原因的山陵，也就是包括天皇近亲在内的祖灵都被神格化，被认为能够作祟、带来灾害（图 2－1）。这时确定作祟者的手段仍然是占卜，然而，占卜过程先是求问是否有神灵或是山陵作祟，之后再占卜方位以确定具体作祟的神社与山陵，由此可知，这一占卜行为本身就是以神灵作祟为前提而进行的。

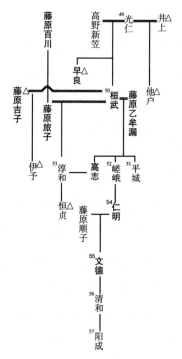

图 2 - 1 桓武天皇谱系

(黑体字是死后作祟之人，带△的是有谋叛嫌疑之人)

怪异与物怪

既然灾害被认为是神明或是死者怨灵的产物，那么自然不仅限于此，发生在天皇身边的种种怪异（宫殿内飞鸟群集、老鼠偷吃祭品等无法解释的现象）也会被认为是山陵与众神作祟的结果，因此人们频繁地进行占卜。人们对作祟事件的敏感程度逐渐增加，大约在淳和天皇在位的天长年间（公元 824~833 年），怪异被开始称为"物怪"。

天长七年（公元 830 年）闰十二月，为求镇服物怪，举行了《金刚般若经》的诵读并让神祇官进行祓除仪式。次年二月召占卜师与阴阳寮入内里，占卜南庭版位（仪式时官员所站位置的标识）下的物怪；六月则为了防止内里的物怪为害，派遣僧侣到桓武天皇的柏原山陵及淳和天皇皇妃——赠皇后高志内亲王的石作山陵前诵经。承和七年（公元 840 年）六月，内里的物怪也被认为是柏原山陵作祟，为此派遣了中纳言藤原爱发前往山陵祈祷。如此这般，在内里之中，也就是天皇的住所周边，频繁发生的种种物怪通过占卜被认为是桓武天皇等人的山陵作祟之故。

至今为止，物怪多被读作"もののけ"，这是需要订正的错误读法。由于日本国文学教材中也是这么写的，因此会读错也是没有办法的，但是本其原意，物怪指的不是"物"（もの）之"气"（け），而应该根据字音读为"もっけ"或是训读为"もののさとし"，这里的"もの"指的是目所不能见的神、灵、精、鬼等灵异存在，而"さとし"则是征兆之意。《源氏物语》等王朝文学中常见的"もののけ"则应该写为"物之气"，是特定的死灵或生灵作祟的产物；而物怪指的则是怪异现象，例如房屋发出异响、老鼠啃破鞋子、鹿突然闯入房间、鸟忽然大量聚集等时人难以解释的自然现象都属于这一类。换言之，时人

发现阴阳道

将汉语中的怪异理解为"物"（目所不能见的神、灵、精、鬼等灵异存在）警示的灾害的前兆，基于这一认识，这一时代开始产生了将怪异称为物怪的用法。

举一例来说，《续日本后纪》嘉祥三年（公元850年）三月庚寅（十二日）条中提到，内里收藏铃印的柜子忽然自鸣，同时发生了老鼠啃噬装放内印①容器的封绳与膳部的鞋子等现象。在这些现象发生两日后，通过占卜判定发生这些"物怪"的原因是桓武天皇的柏原山陵作祟，因此向山陵派遣了宣命使前去镇谢。也就是说，此前被称为怪异的这些异常现象开始被表现为物怪（这表现了时人将怪异理解为特定之物作祟的意识）。

如此这般，不仅是灾害，就连怪异现象也被视为包含有神明或灵体的意志，是对接下来将要发生的灾祸的警告，将要发生的灾祸则包括了例如生病或死亡等发生在个人身上的灾祸，以及旱灾、疫病等社会性的灾祸。当发生物怪时，为了断定物怪是哪位神明或是灵体作祟，以及接下来将会发生怎样的灾祸，就需要由神祇官与阴阳寮进行占卜。

此外更需要注意的一点是，这一时代被视为通过作祟引发物怪的群体主要是桓武天皇、藤原乙牟漏、高志内亲王、藤原百川等嵯峨、淳和两位天皇的近亲。表2-1是

---

① 印文为"天皇御玺"的天皇用印在近代以前的称呼。

	《续日本后纪》							
年 月 日	承和三年(836)十月十日	承和四年(837)正月十八日	同七月三日	承和五年(838)七月十一日	同七月二十五日	承和六年(839)四月二十五日	同七月五日	同八月二十三日
魁	内里物怪	丰乐殿御座物怪	内里物怪	物怪	怪异	畏旱灾	禁中物怪	物怪
						伐神功皇后山陵之木		
	于十三寺诵经	天皇停驾	于常宁殿诵经	于柏原山陵诵经	于七大寺、紫宸殿讲经	派遣敕使前往山陵	于紫宸殿、常宁殿诵经	于常宁殿修法

					《文德天皇实录》	
同十一月四日	承和十二年(845)三月六日	同五月九日	承和十四年(847)三月十一日	嘉祥三年(850)三月十四日	仁寿元年(851)六月三日	天安二年(858)三月十二日
上下鸭神社祢宜卜祟	物怪	卜山城国缀喜郡、相乐郡多有牛为蛇虫所咬而死	镇物怪	卜物怪	卜长雨	卜怪异
百姓于鸭川水上洗捕获鹿豚		鬼作祟		柏原山陵作祟	伊势神宫等社春祭时有污秽	深草山陵(仁明天皇)附近有污秽
下令禁止	于紫宸殿诵经等	于清凉殿诵经	派遣宣命使前往山陵	遣使祈祷	遣使	

根据《续日本纪》以后的国史中的相关记载整理而成的，《日本后纪》由于多有散佚，不少地方是根据逸文所补。从表中可见，进入九世纪后，灾害、怪异与物怪往往通过占卜被解释为神或灵体（也就是山陵）的作祟，这类记载在仁明天皇时期的国史《续日本后纪》中尤其多。在《续日本后纪》之后还有两部国史，分别是《文德天皇实录》与《日本三代实录》，《日本三代实录》中关于怪异与占卜的记载进一步增加，与此相对的是《文德天皇实录》中这类记载则明显减少，其原因留待后文解释，在此不再赘述。

二　无信卜筮

淳和上皇抗议的遗言

由表 2–1 可见，在仁明朝国史《续日本后纪》中出现了很多将怪异解释为物怪的记载，仁明朝十七年之内，共有十八件物怪记录，由此能够看出当时的贵族阶层在精神层面上的变化，他们不仅对于灾害显得敏感，对怪异也表现出了同样的倾向。然而，这一神秘主义倾向与律令国家的经营理念背道而驰，因此嵯峨、淳和两位上皇在离世之时都留下了与此相关的深刻遗言，这二

发现阴阳道

人在世期间极力推动与律令国家建设相关的汉文学与儒学的繁荣兴盛。

承和七年（公元 840 年）五月六日，淳和上皇给皇太子恒贞亲王留下遗言，引用了儒家经典《礼记》中的"葬也者，藏也。藏也者，欲人之弗得见也"之句，阐明了在葬礼上奢侈是毫无意义的道理，下令薄葬，更留下了以下命令：

> 予闻，人殁精魂皈天，而空存冢墓，鬼物凭焉，终乃为祟，长殆后累。今宜碎骨为粉，散之山中。
>
> （《续日本后纪》承和七年五月辛巳条）

可见他要求的不仅是葬礼的简化，更命令不建坟墓（山陵），并将遗骨粉碎撒在山中，其理由是兴建坟墓留下遗骸（魄）会让鬼怪凭依，最终让自己成为鬼怪，为现世留下作祟之烦。这一认识超越了儒学与佛教对薄葬的认识，明确命令自己死后不要留下遗体与收葬遗体的山陵，由此不给后世留下作祟的根源。当时，将灾害与怪异（物怪）归结于山陵作祟的说法甚嚣尘上，淳和上皇对这种风潮提出了抗议。自早良亲王以来，淳和上皇的父亲桓武天皇、妻子高志内亲王、外祖父藤原百川等人都连续出现死后作祟的现象，这份遗言也明确表达了他意欲斩断这种连锁反应的决心。

假如让这一风潮继续下去，那么自己死后也会被视为物怪，经由占卜被推定为作祟之因。这对于秉持灾害与怪异是天的惩戒这一政治理念的淳和上皇而言，一定是难以忍受的。针对淳和上皇的这一命令，近臣藤原吉野以未曾有过天皇散骨与不建山陵的先例为由提出了反对，淳和上皇下令让近臣求得了兄长嵯峨上皇的裁许，在两日后去世。在当月十三日，遵照淳和上皇的遗言，他的遗骨被撒到了京都西面的大原西山山岭之上。或许是因为这一埋葬方式，后世从未留下淳和上皇被视为作祟主体的史料。

这时候嵯峨上皇遵守了弟弟淳和上皇的遗言，但是次月的六月五日在内里发生的物怪被卜定为柏原山陵（桓武天皇）作祟，在翌年的承和八年五月三日宣命使奉命前往山科山陵（天智天皇）与柏原山陵（桓武天皇）祈求抚慰怨灵，同月十二日的旱灾被卜定为源于神功皇后陵与香椎庙的"例贡物"不足，接下来的十月二十九日更发生了仁明天皇的疾病被卜定为采伐陵木及犯秽而导致的柏原山陵作祟，由此可见淳和上皇的遗言也没能起到遏制这一倾向的作用。而到了翌年，嵯峨上皇又留下长长的遗言离世。

嵯峨上皇的长遗言

承和九年（公元 842 年）七月十五日，长时间来一直担负天皇家家长重任的嵯峨上皇在嵯峨院辞世，享年五十七岁。他的遗言很长，仿魏文帝（公元 187—226 年）的遗言《终制》（《三国志·魏书·文帝纪》）与西晋学者皇甫谧（公元 215—282 年）留给子孙的关于丧葬之制的遗言《笃终》（《晋书》卷五十一《皇甫谧传》）而作，坦率记录了其心境，十分难得。接下来引用其中一部分。

太上天皇崩于嵯峨院，春秋五十七，遗诏曰：

（1）余昔以不德，久忝帝位。夙夜兢兢，思济黎庶。然天下者圣人之大宝也，岂但愚戆微身之有哉。故以万机之务，委于贤明，一林之风，素心所爱，思欲无位无号诣山水而逍遥，无事无为翫（玩）琴书以澹泊。后太上皇帝陛下，寄言古典，强我尊号，再三固辞，遂不获免。生前为伤，殁后如何。因兹除去太上之葬礼，欲遂素怀之深愿，故因循古事，别为之制，名曰送终。

（2）夫存亡天地之定数，物化之自然也，送终以意，岂世俗之累者哉。余年弱冠，寒疴婴身，服石变熟，颇似有验。常恐天伤不期，禁口无言，是以略陈至志。

凡人之所爱者生也，所伤者死也。虽爱不得延期，虽伤谁能遂免。人之死也，精亡形销，魂无不之。故气属于天，体归于地，今生不能有尧舜之德，死何用重国家之费。……然则葬者藏也，欲人之不得见也，而重以棺椁，绕以松炭，期枯腊于千载，留久容于一圹，已乖归真之理，甚无谓也。虽流俗之至愚，必将咲（笑）之。丰财厚葬者，古贤所讳，汉魏二文，是吾之师也。是以欲朝死夕葬，夕死朝葬。

（3）作棺不厚，覆之以席，约以黑葛，置于床上。衣衾饭唅，平生之物，一切绝之。复验以时服，皆用故衣，更无裁制，不加缠束，着以牛角带。择山北幽僻不毛之地，葬限不过三日，（a）无信卜筮，（b）无拘俗事。谓谥谏饭含咒愿忌魂归日等之事。

夜刻须向葬地，院中之人可着丧服而给丧事，天下吏民不得着服。……挽柩者十二人，秉烛者十二人，并衣以麄（粗）布，从者不过廿人谓院中近习者，男息不在此限，妇女一从停止。穿阮浅深纵横，可容棺矣。棺既已下了，不封不树，土与地平，使草生

上，长绝祭祀。但子中长者，私置守冢，三年之后停
之。……一切不可配国忌……

（4）后世之论者若不从此，是戮尸地下，死而
重伤，魂而有灵，则冤悲冥途，长为怨鬼。忠臣孝
子，善述君父之志，不宜违我情而已。他不在此制中
者，皆以此制，以类从事。

（《续日本后纪》承和九年七月丁未条，

数字、字母为笔者所加）

（1）的部分相当于遗诏的前言部分，嵯峨上皇在此
回顾自己的一生，自称本想退位之后辞退太上天皇的尊
号过自由自在的生活，但是这个愿望没能实现，自己很
是伤心，因此希望起码在葬礼时能够废止上皇葬礼的仪
式，仿照魏文帝的先例将自己的遗言称为《送终》。在
（2）的部分，他谈及自己关于生死的想法，与淳和上
皇相同，嵯峨上皇也引用了《礼记》的灵魂观与魂魄
论。中国自古以来认为灵魂分为掌管精神的魂与掌管肉
体的魄两个部分，在儒家礼制中，比起死者被收葬于坟
墓内的遗体——魄，更重视死后回归上天、需要由子孙
立庙祭祀的魂。嵯峨上皇接受这一儒家的理念，认为厚
葬之事毫无意义，下令仿照西汉文帝与魏文帝的先例实
行薄葬。

在（3）的部分里，他就葬礼的诸事宜做出了具体的指示。葬礼与陪葬品的简化、坟地选择山北不毛之地等指示与《终制》《笃终》有共通之处，可见嵯峨上皇非常重视这两篇文章。这一系列指示中尤其重要的是（a）（b）两处，这两点在嵯峨上皇辞世之后相继出现了问题。（b）的"无拘俗事。谓谥诔饭含咒愿忌魂归日等之事。"几乎是仿效《终制》《笃终》的表述，谥是人去世后为了称赞逝者的品德而追赠的称号，诔指的是悼词，饭含指的是让死者含在口中的玉，咒愿则是让僧侣进行祈祷以求神佛的加护，忌魂归日的详情不明，指的或许是与祭祀亡者灵魂时日有关的禁忌。嵯峨上皇专门下令不要被这些世俗旧习束缚。（a）的"无信卜筮"出自《笃终》，在后来成为巨大的问题。

这一份遗言中最值得注意的是最后（4）的部分。嵯峨上皇下令，改变遗言是对死者的侮辱，要求众人履行自己的遗言，更说出了"若不从此，是戮尸地下，死而重伤，魂而有灵，则冤悲冥途，长为怨鬼"的发言，以此勒令朝廷众臣与以仁明天皇为首的众皇子遵守遗言。淳和上皇以鬼会凭依为由下令不要兴修墓室，嵯峨上皇则以魂受伤会化为鬼为由，下令让众人不要违反自己的遗言。这两位上皇在死前都不得不留下遗言以保证自己不会被后世之人当成作祟的恶灵，我们有必要理解这一举动的重要性。

嵯峨上皇遗言中的葬仪简化、葬于不毛之地、不设国忌等命令都得到了遵守，但是（a）与（b）则被后人推翻。首先是（b）的部分，在一年后的承和十年（公元843 年）七月十五日嵯峨上皇一周年忌日之时，由于这一天是仁明天皇与太皇太后橘嘉智子的本命日（与出生年份的干支相同之日），因此产生了是否应该避开这一天举办斋会的讨论，中纳言源信等嵯峨的皇子举出上皇遗言中"无拘俗事"之语，但是最终大纳言藤原良房等人不顾他们的反对，商定将斋会提前一天举办。

无信卜筮

两年后的承和十一年（公元 844 年）八月五日的朝议上，嵯峨上皇遗言中的（a）部分也被推翻了，这次朝议也被称为"应信卜筮"的朝议。这一朝议是权臣藤原良房为了推翻嵯峨上皇遗言而利用当时著名的有识之士——文章博士春澄善绳（公元 797—870 年）与大内记菅原是善（公元 812—880 年）进行的一场政治演出。藤原良房代表太政官，向两人发出了如下询问：

> 先帝遗诫曰："世间之事，每有物怪，寄祟先灵，是甚无谓也者。"今随有物怪，令所司卜筮，先

灵之祟明于卦兆。臣等拟信，则忤遗诰之旨，不用，则忍当代之咎。进退维谷，未知何从。若遗诫后有可改，臣子商量，改之耶以否？

（《续日本后纪》承和十一年八月乙酉条）

首先，这里引用的嵯峨上皇遗言中的"世间之事，每有物怪，寄崇先灵，是甚无谓也者"一句，不见于此前所引用的《送终》一文；然而，鉴于当时通过卜筮来判断物怪是否与作祟有关，可以想见这句话原来应该位于《送终》一文中（a）部分的"无信卜筮"之后，换言之，嵯峨上皇就"无信卜筮"一事举出的理由正是"世间之事，每有物怪，寄崇先灵，是甚无谓也者"。这句话很可能是在《续日本后纪》的编纂过程中被有意识地删除的，《续日本后纪》的编纂负责人正是藤原良房，而这一事件的当事人春澄善绳也是编者之一。

暂时略过这句话为何在正史中消失不见的问题，嵯峨上皇是基于儒家的合理主义观念反对"物怪＝作祟"的观念，以及发生物怪时使用卜筮的行为。嵯峨上皇在九世纪前半期这一律令制度衰退期，试图通过儒家的德治思想与文章经国理念重建支配秩序，他的这一遗言是从将灾害与怪异视为不德与失政的儒家立场出发，并针对将此视为神灵作祟、依赖卜筮的贵族势力的批判。

但是，针对这份遗言，藤原良房提出，每当遇到物怪让相关部局（神祇官与阴阳寮）占卜时，得到的结果都明确揭示这是去世之人的亡灵作祟。作为臣下，若是相信占卜的结果则是违背先帝的遗言，而不相信占卜的结果则担心现任的仁明天皇被作祟所扰，因此不知该如何是好。最终他询问，是否能够修改上皇的遗言。

接受咨询的两位儒学家，引用了中国的经典《春秋左氏传》与佛教说话集《法苑珠林》等书，指出死者虽然去世但是如果有所需求仍会引发怪异，生前的遗言根据冥府的具体情况也是可以修改的；接下来又引用了《尚书》与《白虎通》等书目中关于卜筮的政治性作用的语句，最终得出了如下结论：

> 由此言之，卜筮所告，不可不信，君父之命，量宜取舍。然则可改改之，复何疑也。
>
> （同上）

换言之，他们的结论是卜筮的结果是必须相信的，而上皇的命令则是可以更改的。对于这一答辩，"朝议从之"，最终经由朝廷众臣的合议，必须相信占卜结果的这一决议得到了公认。

逐渐增大的占卜需求

就这样，这次"应信卜筮"的朝议以遵循藤原良房意图的形式废除了嵯峨上皇的遗言，换言之，通过卜筮而形成的"灾害、怪异（物怪）＝神、灵作祟"的观念被正式确立。这一观念认为灾害及种种怪异现象是神灵作祟的结果，而断定作祟主体的手段则是占卜，这次朝议可以说是朝廷与国家承认占卜所具有的重要机能的一次宣言。

这一宣言的影响同样表现在官方阴阳师的增加上。在律令制下，阴阳师的定员除了在阴阳寮之外就只在大宰府设置有一名，然而通过《弘仁式》可知，九世纪初的陆奥国也设置了阴阳师。接下来，在虾夷不断发生叛乱、紧张状态长期持续的东北地方，仁寿元年（公元851年）出羽国提出国内发生了怪异却没有人能够占卜吉凶，因此申请设置一名阴阳师并得到了批准；此后直到宽平三年（公元891年）为止，武藏国、下总国、陆奥镇守府、常陆国等地都分别设置了阴阳师。这可以说是反映了当时将怪异视为与叛乱同等级的威胁的时代风潮与贵族官员阶层内部的意识。

在下一节中可见，在这之后，针对这种灾异等同于作祟的理论，以儒学者为中心的批判一直不断，但是以将灾祸视为神明作祟的旧来观点为基础，日本式的灾异解释方式逐渐固定了下来，即遇到灾害与难以解释的自然现象（物怪）时就将其解释为神与灵的作祟或是恶事的先兆，通过占卜寻求解决办法。这种观念从朝廷扩散到贵族阶层，再渗透到社会各阶层，逐渐日常化。由此，为了解决怪异问题，占卜需求增加，这成为阴阳师这一职业与阴阳道形成的前提。

那么，以藤原良房为首的贵族势力推翻嵯峨上皇遗言的政治目的是什么呢？有一点很重要，那就是儒家理念将灾害与怪异解释成上天对为政者的不德与失政的惩戒，以及由此带来的政治责任的问题。实际上，这一理论在中国西汉末期就被用于政争，多名宰相以为灾异负责的名义被罢免，其中甚至有被迫自杀的例子，在此之后灾异也是重要的政治问题。而将灾异解释为神明与神灵的作祟，则问题可以在祭祀与敬奉神灵的层面得到解决，为了追求统治的安泰，要进行的就只是祈祷与祭祀。换言之，基于占卜中"怪异＝作祟"的观念，在此成为回避儒家思想中为政者的政治责任的理论。

通过前因后果来看，主导这一动向的人很明显是藤原良房。他在嵯峨上皇去世后通过承和之变迅速掌握了权力，最终在外甥文德天皇治世的末期成为最初担任太政大臣的在位人臣，之后更拥立外孙登基，是为幼帝清和天皇，他自己则担任摄政，可以说是奠定了藤原摄关家基础的人物。

三 阴阳师们的出场

儒家的动向——春澄善绳

基于政策上与宗教上的原因，上层贵族阶层将灾害与怪异认定为神与灵作祟的结果，这一保守主义、神秘主义的倾向也影响到了此前与嵯峨上皇及淳和上皇一起推进儒家天命观与德治理念的儒家官僚，同时更为此前毫不起眼、只是掌握了占卜技术的专业人士，也就是阴阳寮官员们，提供了巨大的活动平台。接下来，让我们关注一下九世纪后半期的儒家与阴阳寮官员的动向。

与藤原良房步调一致，提出了应当相信卜筮的春澄善绳，虽然是地方豪族出身，却历任文章博士与式部大辅等儒家显职，晚年更是晋升为参议，是一位出人头地的博学大儒，但他的文学特色倾向于幽玄虚无的老庄思想与神仙思想。仿佛是受到他的学问倾向影响，在《日本三代实录》贞观十二年（公元870年）二月十九日条他的卒传中对他的性格有以下描述：

> 为人信阴阳，多所拘忌。每有物怪，杜门斋禁，
> 不令人通，乃至一月之中门扉十闭。亦其家宅不治垣
> 屋，口罕言死，吊闻遂绝。

善绳生来相信阴阳占卜与术数，多有执着于吉凶、禁忌之处，例如当身边发生物怪之时就闭门谢客，由于种种忌讳闭门不出的同时还禁止人出入，这一行为就是后来的物忌，一个月多的时候甚至会超过十次。不兴修家里的房屋与围墙，这应当是畏惧地神与方位神作祟的缘故。由于他是这种迷信之人，因此几乎从来不会在口头提及"死"这个字，更不会去凭吊死者。他也是参与了由藤原良房负责的国史《续日本后纪》编纂工作的史家之一，这部国史记载了仁明天皇一代事迹，时间跨度共计十七年，其中如表 2 - 1 中所示，有许多关于物怪与占卜的记录，可以说如实反映了善绳的性格以及历史观。

都良香的主张

与善绳形成鲜明对比的是继他之后担任文章博士一职的都良香（公元 834—879 年）。在传说故事中，都良香身手敏捷、力大无穷，身材也十分高大，这一伟岸男子的形象与传统儒学者给人的印象并不相符，但是他精通汉诗与散文，留有家集《都氏文集》六卷（现存三

卷）。都良香去世十个月后，国史《文德天皇实录》编纂完成，进献于天皇御览，菅原道真在其序文中提到"良香愁斯文之晚成，忘彼命之早陨，注记随手，亡去忽焉"，可见都良香在国史编纂中的中心地位，这部国史被评价为充满了不重文饰而是基于事实对人物与自然加以描绘的精神。

　　与前一部国史《续日本后纪》相比，这一部国史中完全见不到对"物怪"的描写，关于灾害以及怪异的记载相较之下也很少，这是《文德天皇实录》的特征。而即使加以记载，也只提及例如翠鸟飞入东宫御所鸣叫或是在冬季出现异常温暖的异常气象等，只记载了事实本身，接下来则用下划线部分对这一异象进行总结：

　　有鱼虎鸟飞鸣于东宫树间。何以书？记异也。
　　　　〔嘉祥三年（公元 850 年）四月癸丑条〕
　　冬温。何以书？记异也。
　　　　〔仁寿元年（公元 851 年）十二月条〕

　　"何以书？记异也"一语，其实出自儒家经典《春秋公羊传》，是其中非常典型的常用语，以简洁的短语表达出君主必须对灾害怪异等来自上天的警示加以重视，反省自身不德之处的观点，换言之，这是表现灾异自戒这一儒学立场的文言。都良香不使用物怪、作祟、占卜等词语，而采用《春秋公羊传》中这种记载方式，一方面是记录事实，另一方面其背后则还包含了儒学之大义。此外，《文德天皇实录》中还大量收录了官阶停留在五位的国司等人的卒传，此前的国史对这些人基本不加以关注，由此体现了这部国史基于儒学理念对于人物及其政绩进行评价。

如前所述，《文德天皇实录》中有多处反映都良香政治理念的地方，除此以外，他的政治信条还反映在对策之中。所谓对策，指的是纪传道中最高级的国家考试，也被称为秀才试、方略试，是文章得业生们需要参加的官吏选拔考试，由文章博士等人担任考试官，问题是两道论文体裁的策问。《都氏文集》卷五中收录了都良香所提出的策问问题，一般而言，这类问题多会准照汉文音韵、以辞藻秀丽为善，充满形式主义的美感，但是在学问与政治有着密切联系的平安初期，策问的试题也有非常值得注意的内容。

都良香在元庆二年（公元 878 年）之前出题给文章生菅野惟肖的"分别死生"与"辩论文章"两题，前者是基于魂魄掌管精神与肉体的魂魄论这一前提，询问没有了精神与智力的尸体是否还有必要华丽装饰后为之修建坟墓加以祭祀，这一问题与数十年前朝廷的大问题，也就是嵯峨、淳和两位上皇的遗言有关。而在贞观十六年（公元874年）给文章生藤原佐世所出的策问"决群忌"同样值得瞩目，问题概要如下：

吉凶共域实人事之自然，祸福同根亦天意之恒分。故乐尽哀至，宠辱之间若惊；贺门吊庐，倚伏之方不定。虽乃达人大观独有不忧之明，然而野俗少知独婴物忌之累。所以死生存亡之论唇吻东西，阴阳推步之家户牖南北。至于末叶，斯弊滋彰。甚有者多，过诞者少。遂使动作依术，词语设方。非唯人伦，转及禽兽。未审露头进食，谁戒其然，值耳止湌，更有何意。千年满瓮之饮，取之奚言；一旦计钱之禁，违之何害。蝶迎军骑，定为何征。虵（蛇）恶翁龟，难晓厥理。并须引神经而别机，穷怪牒而推求。假日道不虚行，亦当灾得防遏；然孔宣尼之设教，富贵在天；王文山之通论，机（讥）祥无闻。以此覆之，偏旁之说，理存浮虚，成败之机，关之冥数。加之吴季高之不信巫，延庆三代；陈伯敬之不言死，殒命一朝。今欲正讹俗之失，绝拘人之疑，取遗之宜，是非如决。子骂鬼口沸，搜神心深，伫得明论，以解幽蕴。

发现阴阳道

吉凶是人类生活中的自然现象，究竟会遇上幸福还是灾祸都是上天的意志，凡人无法做主，因此达人不会因此而产生不必要的担忧，但是缺乏智慧的俗人就会因此担忧，从而依赖于阴阳师的术数占卜。同时，他指出这一问题现在日益明显，文中提到陈伯敬忌讳死亡、口不言死的例子让人想起春澄善绳。都良香的这一策问，是针对当时朝廷与上层贵族将灾害与怪异现象视为神灵作祟的产物，拘泥于其吉凶，依赖占卜以求趋吉避凶的倾向，从儒家角度出发进行强烈批判的产物。

菅原道真与三善清行

春澄善绳在贞观十二年（公元870年）去世，享年七十四岁。有一位学者在这一时期进入大学，后来担任文章博士，他的名字叫作三善清行，他也是一位对阴阳、术数领域有着强烈关注的儒学者。他在担任了七年的文章得业生后，于元庆五年（公元881年）接受了方略试，这是最高级别的国家考试。出题者的问头博士是当时的文章博士菅原道真，提出的问题则是"音韵清浊"与"方伎长短"两题。当时菅原道真给三善清行的评分是不合格，在两年后经过改判，三善清行才终于得以及第。

关于"方伎长短"的问题，方伎指的是天文、历数、占术等推算未来事件吉凶的技术。这一提问从儒学家的角度出发，论述这些技术对于政治的作用，同时也深刻意识到这些技术容易让人拘泥于小道，陷入异端为害，分别讨论了其长处与短处。这一策问的内容与传统儒家合理主义观点一脉相承，如《论语·为政篇》中的"子曰：攻乎异端，斯害也已"，《论语·述而篇》的"子不语怪力乱神"，《汉书·艺文志·阴阳家》中的"拘者为之，则牵于禁忌，泥于小数，舍人事而任鬼神"，以及《颜氏家训》中"世传云：解阴阳者，为鬼所嫉"等。

然而，众所周知的是，菅原道真是由宇多天皇从学者一路破例提拔为右大臣的，其异常快速的晋升引发了以左大臣藤原时平为首的贵族阶层的不满，因而他在昌泰四年（延喜元年，公元 901 年）正月被左迁为大宰权帅。而攻击菅原道真的急先锋之一，正是前一年十月里劝告道真辞职的三善清行，他于这一年刚刚成为文章博士。三善清行在他给菅原道真的书状《奉菅右相府书》中写道："昔者游学之次，偷学术数。天道革命之运，君臣克贼之期，纬候之家，创论于前，开元之经，详说于下。推其年纪，犹如指掌。"换言之，三善清行于大学寮在学期间学习了方伎术数之学，据此他认为翌年的辛酉之年正当纬书所说的革命之年（即辛酉革命），应有变革动乱，为了不被灾祸所害，建议菅原道真辞去右大臣之职，这是三善清行的主张。

菅原道真的策问是否在了解三善清行在学期间学问倾向的基础之上提出？我们不得而知，然而从三善清行一度被判定为不合格这一点来推测，他的对策答案或许偏移了菅原道真所期待的正统派儒家理念，而倾向于方伎术数之学。继昌泰三年（公元 900 年）十月的辞职劝告之后，三善清行在十一月又进行了追击，向朝廷提交了有名的《革命勘文》，暗中主张流放菅原道真。最终在次年的正月，菅原道真由于企图策划政变逼迫醍醐天皇退位的嫌疑被左迁为大宰权帅。之后三善清行更进一步要求改元，七月十五日年号被从昌泰改为延喜，这开启了辛酉改元（六十年一度的辛酉年内必然改元）的先河。

基于儒家合理主义立场对方伎术数持谨慎态度的菅原道真被三善清行通过神秘主义的方伎术数手段逼入绝境，这说明了文章博士这一儒家官僚在与藤原摄关势力相结合之后的价值意识与理念的变化。接下来，延喜三年在流放地大宰府郁郁而终的菅原道真，此后因为都城内发生的种种灾害被视为怨灵神受到崇拜，假如考虑到他的个人立场，这或许只能说是历史所开的玩笑，而阴阳道正是在这种意识变化的基础上形成的。

咒术祭祀活动兴盛——阴阳道的形成

在九世纪后半期的藤原良房、藤原基经执政期，将灾害与怪异视为神与灵等目不可见之物作祟的产物的意识逐渐在贵族统治者阶级内部形成并固定下来，同时神秘主义观念在儒家学者内部也开始蔓延。仿佛是追随着这一时代变化的步调，阴阳寮官员们的咒术与祭祀活动逐渐兴盛起来；也正是在这一时代，阴阳道开始作为一个咒术宗教出现在历史舞台上。

阴阳师被认为拥有通过占卜识破目不可见之物作祟的能力，因此同样的，他们也被期待拥有祛除作祟之物的咒术力量。宇多天皇的日记《宽平御记》（也被称为《宇多天皇御记》）宽平元年（公元 889 年）正月十八日条中有如下记载：

> 太政大臣（藤原基经）奏云："昔臣父（藤原良房）有名剑，世传壶斩，但有二名。田邑（文德）天皇唤件剑，赉阴阳师，即为厌法埋云。于时帝崩，阴阳师逃亡，是见鬼者也，而不知剑所在。彼阴阳师居神泉苑，爰推量其所，掘觅援得

此剑。拔所着剑令览者是也。光彩电耀，目惊霜刃，还纳室云云。令候东宫剑若是欤。"

这是与皇太子代代相传的名为壶切（壶斩）的剑有关的传说。文德天皇召唤阴阳师前来，将名剑壶切赐予他并让他施行了厌法，这应是通过刀剑之力威吓邪鬼以求天皇病体康复的道教咒禁之术法，但是这一咒法并未生效，天皇仍然在不久之后驾崩。负责驱鬼的阴阳师担心要为此负责而逃亡，而壶切则在施行厌法的神泉苑被找到。

这件事情在《文德天皇实录》中不见记载，然而仁寿三年（公元 853 年）十二月八日条中有"阴阳寮奏言，使诸国郡及国分二寺，据阴阳书法，每年镇害气"的记载，即天皇接到阴阳寮的上奏，根据《阴阳书》中所载方法每年施法镇压害气。

阴阳寮的祭祀

在下一部国史《日本三代实录》贞观元年（公元 859 年）八月三日条中记载了阴阳寮根据《董仲舒祭法》进行的祭祀。

遣从五位下行备后权介藤原朝臣山阴，外从五位

下行阴阳权助兼阴阳博士滋岳朝臣川人等于大和国吉
野郡高山，令修祭礼。董仲舒祭法云：螟螣贼害五谷
之时，于害食之州县内清净处，解之攘之。故用此
法。前年命阴阳寮于城北船岳修此祭，今亦于此修
之，盖择清净之处。

阴阳权助兼阴阳博士滋岳川人等人被派遣到吉野郡高
山，为求驱除虫害、风调雨顺而根据《董仲舒祭法》的
记载举行了祭祀，此前同样的祭祀也曾在平安京北郊的船
岳举办过。后来在贞观五年（公元863年），也由滋岳川
人等人在吉野举办了这一祭祀，同样在贞观八年也派遣了
祭使。这一祭祀出于地名原因被称为高山祭，可见这一祭
祀在这段时间内逐渐成为惯例。

在贞观九年（公元867年）正月，由于疫病流行举
办了鬼气祭，这一祭祀后来成为阴阳道最普遍的祭祀，
阴阳师们为了给贵族祛除疾病经常举办。当疫病流行之
时，朝廷会命令阴阳寮在宫城四隅与山城国龙华（和
迩）、逢坂、山崎、大枝这四处国境举办防止疫病神进入
京内的四角四界祭，这与前述的鬼气祭合计共在八处举
办祭祀仪式，因此正式名称为四角四界鬼气祭（见第四
章图4-1）。

鬼气祭是据董仲舒之说举办的祭祀仪式，这一点还可

发现阴阳道

以通过明经家中原师元在天承二年（长承元年，公元
1132 年）闰四月关于疫病流行的对策提交的勘文《天下
不静间之事》得到证实，其中写道："董仲舒曰：故防解
天下之疾病，以二月八日解祭鬼气，因兹永观三年三月十
八日。阴阳道勘文云：行宫城四角鬼气祭，可防疾病
者。"（《朝野群载》）

　　同样冠董仲舒之名的祭祀书，还有之前提到过的
《董仲舒祭书（法）》。中原师元的四世孙中原师光（公
元 1206—1265 年）著有《师光年中行事》一书，在这
本书的正月晦日条中，就火灾祭的出典指出"董仲舒祭
书曰，有防解火灾法"，关于代厄祭的出典也说"同书
曰，母法云云，此祭钦。又有小衰解祭法。大厄小厄
同"。火灾祭的正式名称是防解火灾祭，是当内里、御
所及贵族有新建建筑时举办的预防火灾的仪式，代厄祭
则是预防灾厄与疾病的仪式，与鬼气祭一样是阴阳师为
天皇及贵族个人举办的祭祀。这些祭祀的出典中提到的
《董仲舒》《董仲舒祭法》《董仲舒祭书》等所指的都是
同一部书。

　　如前所述，董仲舒是西汉时代著名的儒学者，他以
《春秋》为例，认为灾害之所以会发生，都是阴阳失调
的缘故，例如为了求雨就要抑制阳气而抬高阴气或是要
关闭南门打开北门，又如根据五行之说祭祀五色之龙

等。他根据阴阳五行说进行了一系列卓有成效的祭祀
（《汉书·董仲舒传》《春秋繁露》）。之前的《董仲舒祭
法》应当是后人假托董仲舒之名所作，这本书是始于九
世纪后半期的阴阳寮所举办的咒术与祭祀活动的主要参
考书物。

与这本书地位接近的还有《阴阳书》。如前所述，在
仁寿三年阴阳寮奏言申请按照《阴阳书》所载之法镇压
害气；在贞观九年（公元 867 年）十一月二十九日的敕
书中提到，根据《阴阳书》之说，翌年戊子年是水旱疾
疫多发的灾年，因此令诸国读金刚、般若等经，同时在七
大寺内讲读《仁王经》与《般若经》，这一措施也应当被
视为阴阳寮积极上奏申请的结果。

此外，还有移居新宅时镇宅的咒术，这被称为移徙
法。贞观十八年（公元 876 年），九岁的阳成天皇即位，
这与他的父亲清和天皇即位的年龄相等；第二年的元庆元
年二月二十九日，阳成天皇由东宫移居内里仁寿殿。根据
《日本三代实录》，这一日"童女四人，一人秉燎火，一
人持盂手器，二人牵黄牛二头在御舆前，用阴阳家镇新居
之法也。公卿宿侍内里，三日不出"。有的后世史料里提
到桓武天皇移居平安宫时也举办了这一移徙法，但是有关
阴阳寮举办移徙法的初见史料，《日本三代实录》的这一
记载是最坚实可信的。

发现阴阳道

除此之外，据《宽平御记》所引左大臣藤原时平之语，在阳成天皇在位的元庆年间（公元 877～884 年），为求年谷丰登而开始举办雷公祭。所谓雷公祭，是在内里北郊的北野地方祭祀司雨雷神的仪式，后来之所以在这一地方修建供奉菅原道真的北野天满宫，也是由于菅原道真在被视为怨灵后是以火雷天神的身份为人所知的。此外据三善清行的《善家异记》（亦作《善家秘记》）所载，贞观六年阴阳师弓削是雄在近江介藤原有荫家里为他举办了属星祭。总而言之，九世纪后半期开始，阴阳寮官员日益活跃，服务范围开始不仅限于朝廷与天皇，也为贵族们举办私人性质的祭祀。

方位禁忌的出现

方位与吉凶有关，因此在移动时应当回避不吉的方位，这一观念早在具注历①中就有所体现，同样在九世纪后半期，人们普遍开始根据这一观念采取行动。《日本三代实录》贞观七年（公元 865 年）八月二十一日条中有如下记载：

———————————

① 日本自奈良时代开始使用的历书，于历日之下详细记述当日的吉凶、禁忌等内容。每年十一月一日前由阴阳寮编纂完成来年的具注历并上奏进献给天皇，由天皇颁赐给诸司官员。通常每日之间会留有数行空白，公卿在此书写每日的日记。

> 天皇迁自东宫，御太政官曹司厅，为来十一月将
> 迁御内里也。当此之时，阴阳寮言："天皇御本命庚
> 午，是年御绝命在乾。从东宫指内里直乾。"故避
> 之焉。

清和天皇在一年前的正月刚满十五岁，完成了元服仪式，因此在这一年的十一月由东宫御所移居内里，开始作为成年天皇参与政务。在这一移居过程中，根据阴阳寮的上奏进行了方违，回避了八卦法中的忌讳之一，也就是所谓"绝命方位"的乾（西北）方（所谓八卦指的是《易经》中的八个基本图形，用三支爻的长短组合，形成如表2-2左侧的形状）。八卦法算出的吉凶方位根据人每年的年龄变化，其种类包括游年、祸害、绝命、鬼吏等凶方与生气、养者等吉方，以及凶日的衰日（表2-2）。清和天皇生于嘉祥三年，于这一年满十六岁，由东宫移居内里仁寿殿的方向正合绝命的乾（西北）方，因此天皇先移动到位于西南方的太政官曹司厅暂住三个月（表2-2）。

根据每年的年龄决定应忌的方位。游年的方位忌营造、嫁娶、迁居及远行；在祸害、绝命、鬼吏的方位时，天皇需忌营造但臣下无需；在绝命、鬼吏的方位时忌迁居、嫁娶、生产；在生气的方位上则修造、迁居、疗病

发现阴阳道

等万事皆吉；养者的方位则有利于养病，万事皆吉。衰日忌万事。

表 2－2　八卦的主要禁忌

八卦	年龄	游年	祸害	绝命	鬼吏	生气	养者	衰日
离（南）☲	1·8·16·24·32·40·41·48·56·64·72·80·81·88·96	离	艮	乾	坎	震	坤	庚申
坤（西南）☷	2·9·17·25·33·42·49·57·65·73·82·89·97	坤	震	坎	震	艮	离	卯酉
兑（西）☱	3·10·18·26·34·43·50·58·66·74·83·90·98	兑	坎	震	离	乾	艮	子午
乾（西北）☰	4·11·19·27·35·44·51·59·67·75·84·91·99	乾	巽	离	巽	兑	坎	辰戌
坎（北）☵	5·12·20·28·36·45·52·60·68·76·85·92	坎	兑	坤	坤	巽	乾	丑未
艮（东北）☶	6·13·21·29·37·46·53·61·69·77·86·93	艮	离	巽	离	坤	兑	丑未

续表

八卦	年龄	游年	祸害	绝命	鬼吏	生气	养者	衰日
震（东） ☳	7・14・22・30・38・ 47・54・62・70・78・ 87・94	震	坤	兑	乾	离	坎	卯酉
巽（东南） ☴	15・23・31・39・55・ 63・71・79・95	巽	乾	艮	兑	坎	离	辰戌

资料来源：《阴阳杂书》《拾芥抄》《吉日考秘传》等。

与此相似的例子还有天皇的祖母——皇太后①藤原顺子原本与年幼的清和天皇共同住在东宫，在贞观元年四月十八日，她将要移居五条宫，同样也是为了回避方位上的忌讳而先移居右大臣藤原良相位于西京三条的宅第。《日本三代实录》的记载中没有提到具体的方位忌讳，但是藤原顺子当年五十一岁，由东宫前往五条宫的东南方向是她这一年的祸害、鬼吏的凶方，可以推测她正是出于这一原因而暂时移居位于西南方的藤原良相宅邸。

除此之外，还有延喜三年（公元 903 年）六月十日

---

① 这是日本皇太后制度的特殊之处。日本的三后不完全根据血缘关系而定，而是基于多种复杂因素。当时的太皇太后为淳和天皇的皇后正子内亲王。

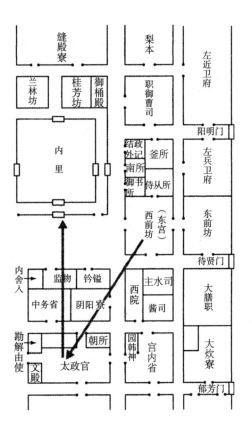

图 2 – 2　宫城图的一部分

资料来源：根据九条家本《延喜式》制作。

醍醐天皇由于神事移居位于内里西侧的中和院之时，曾问
左大臣藤原时平方位禁忌，时平答道："前代不忌天一、
太白。贞观以来有此事。"（《醍醐天皇御记》）天一、太
白是方位之神，一名大将军神，时平的回答可以作为这一

信仰形成于贞观年间（公元 859~876 年）的证据。除方位之外，时间也有凶时禁忌。贞观十三年（公元 871 年）二月八日，公卿们进行了当年首次太政官寻常听政，为了回避河魁历灭门，将听政时间从巳时一刻改到了辰时四刻（《日本三代实录》）。虽然并不清楚具体的内容，但是可以明确知道这是为了回避被视为凶时的时刻而改变了政务开始的时间。如此这般，关于方位与时间的吉凶禁忌也是在藤原良房发挥政治主导权之后，也就是九世纪后半期的贞观年间开始的，首先在天皇的身边以及朝廷内部出现了事先回避凶害禁忌的倾向。

从九世纪后半期的文德朝开始，其后的清和与阳成两位天皇连续以幼帝身份即位，藤原良房、藤原基经两人先后作为摄政掌握了政权。在这一期间，阴阳寮基于《董仲舒祭书》与《阴阳书》等由中国传来的书籍开始申请导入新的祭祀与咒法仪式，以及方位与时间的禁忌等，同时也开始为贵族们举办祭祀活动，在公私两方面都开展了多种多样的活动。而这些活动的中心人物就是后来在《今昔物语集》中也有提及的阴阳头滋岳川人与弓削是雄等人。

阴阳头滋岳川人

滋岳川人本姓刀岐直，于《文德天皇实录》所记齐

发现阴阳道

衡元年（公元 854 年）九月获赐滋岳朝臣一姓，当时他担任阴阳权允兼阴阳博士，这是他有史可查的首次任官。他在天安元年（公元 857 年）十二月升任阴阳权助，翌年九月与大纳言安倍安仁及阴阳助笠名高等人共同参与了选定文德天皇山陵的工作。然后如前所述，他在贞观元年于大和国吉野郡高山按照《董仲舒祭法》进行了祭祀。当时的阴阳头是贵族官僚藤原三藤，出身于阴阳寮的人中包括兼任阴阳博士的滋岳川人与笠名高等人，他们是阴阳寮活动的主要负责人。次年，阴阳头由同时兼任历博士的大春日真野麻吕出任，而在贞观八年则由藤原三直担任，滋岳川人在他们之后以同时兼任阴阳博士的身份就任了阴阳头，后于贞观十六年（公元 874 年）五月二十七日去世。

他最著名的业绩是留下了大量的著作，例如《类聚国史》中提到"川人世要动静经三卷，指掌宿曜经一卷，滋川新术遁甲书二卷，金匮新注二卷"，《本朝书籍目录·阴阳部》中还有"六甲六帖、宅肝经一卷"两部书。这些书籍现在不存于世，但是收录于《续群书类从》的六壬式占卜书《新撰六壬集》在开头提到"斯依滋岳川人贞观十三年奉敕撰进六甲撰进之"，可知《新撰六壬集》是后人在滋岳川人所撰《六甲》的基础上修改而成的。《滋川新术遁甲书》与《金匮新注》分别被

视为与遁甲式占和六壬式占有关的书物，《宅肝经》据
书名应当与相地吉凶之术有关。《指掌宿曜经》被认为
是基于密教《宿曜经》解释七曜二十八宿等吉凶的书
物。成书于院政时期，阐述日次、方位有关禁忌的书物
《阴阳略书》引用了名为"川人三宝历序"的书物，这
可能与《指掌宿曜经》有关。此外《川人世要动静经》
也能在院政期的阴阳头贺茂家荣所撰《阴阳杂书》中找
到"动静经云，一日不沐浴，出身恶疮；二日不取火，
不令取他人"的佚文，可知这是一部涉及每日禁忌的书
物。在《阴阳杂书》中还有十多条引用《滋川世风记》
的内容，例如"正月平旦，向东吞麻子、小豆各二七
枚，竞年避邪鬼，不遇伤寒"等，这些都是起源于中国
民间信仰的辟邪风俗。如此算来，滋岳川人有将近十部
著作，其内容涉及式占、日时的吉凶禁忌、地相选定、
年中行事等多个方面。

阴阳师的大前辈

成书于院政期的说话集《今昔物语集》中收录了以
安倍晴明为首的众多阴阳师们的故事。这些故事的主人公
中，活跃时期能够上溯到九世纪初期的阴阳师就只有滋岳
川人与弓削是雄二人，他们的故事分别被载于第二十四卷
第十三话的《滋岳川人为地神所追之话》，以及第十四话

发现阴阳道

《天文博士弓削是雄占梦之话》中。换言之，对于平安时代后期的人来说，这二位可以说是阴阳师的大前辈。弓削是雄的故事概要如下：他为了给近江介举办属星祭而前往其家里，在工作结束归洛的途中碰巧与谷仓院的交易使同居一室，为后者占卜了噩梦，成功预言了其夫人与外遇的男性正埋伏在交易使家中，准备等他归来之时将其杀害的事情，救了交易使一命。这一故事在三善清行所写的《善家异记》的《弓削是雄式占有征验事》中有相似记载，可知《今昔物语集》的故事是以此为底本创作的。《善家异记》是三善清行在晚年记录他一生中所经历见闻的神秘与怪异事件的书物，只有少数故事以佚文形式流传至今。

而《今昔物语集》中关于滋岳川人的故事则是：他与大纳言安倍安仁等人共同为文德天皇选定山陵时误触地神的禁忌，引得地神震怒一路追杀，而滋岳川人暗诵咒文隐身逃过一劫。他参与山陵选定的事件在国史中确有记载，但是这一怪异故事的起源可能也要追溯到《善家异记》。除此之外，《善家异记》中还有清和天皇之母——被称为染殿皇后的藤原明子为与修验者结为夫妇而化身为鬼的故事，这一故事同样收录于《今昔物语集》。

三善清行偏爱神秘主义的方伎与术数之术，可以说是为阴阳道的形成提供理论支撑的人物，这是此前提及过的内容。在事实层面，滋岳川人与弓削是雄等人的活跃是阴阳道作为咒术宗教正式形成的标志；而同样值得注意的是，经由三善清行的文笔，阴阳师们的灵验故事被广为传唱。

第三章
平安贵族与阴阳师

一 朝廷与阴阳道

作为国家机关的阴阳道

进入平安时代后，以太政官为中心的传统中央集权支配方式步入困境，旧来的地方民众支配与税收制度的衰退开始加速，律令体制逐渐崩溃。而阴阳道正是以贵族统治阶级的这一危机意识为精神土壤，为贵族占卜灾害的原因并通过咒法与祭祀加以应对，由此确立了其作为咒术宗教的地位。这一变化是从九世纪后半期开始的。

进入十世纪，对地方的支配大部分委托给了与自身利益密切相关的受领国司①，京都则进入了藤原摄关家以天皇外戚的身份掌握政权的贵族政权时期，这一政权主要依存于由公领与庄园②进献的各种产物维持。在这一时期出现了华丽而纤细的藤原文化，但同时也缺乏进取精神，凡事重视先例，一年时间被各式各样的年中行事填满，这种守旧的贵族社会的特殊性给阴阳道提供了机会，它通过阴阳师的活动发展为全社会不可或缺的宗教。由于律令制规定的职业操守日益废弛，阴阳寮官员除了公务之外，也为贵族官员提供私人性质的祈祷服务，阴阳师从阴阳寮的职位名称逐渐变成了提供祈祷服务之人的通称；随着需要的日益扩大，民间也出现了自称阴阳师的人。

如此这般，平安中期之后阴阳师的活动范围逐渐扩

---

① 指平安时代中期之后，国司四等官（守—介—掾—目）中在当地的最高责任者。根据律令制原本的规定，地方行政由国司四等官共同管理，他们负有连带责任；此后由于国司长官在京遥任、不前往当地赴任的情况逐渐开始出现，同时地方行政也为了追求效率而开始出现权力集中的现象，受领国司制度在这一过程中逐渐形成。在文学作品中受领国司通常是权力、财富与贪婪的代名词。

② 日本的庄园大致分为八世纪至九世纪前期的开拓庄园与十世纪之后的后期寄进庄园，这里指的是后者。庄园土地的经营者将土地寄进于寺社与豪门贵族名下，通过自称为他们的庄家而回避赋役负担与国郡的入部检查，这称为不输不入权。权门势家通过提供这一保护获得一部分庄园经营的收益，而庄园的实际所有者则负责庄园的实际经营。公领则是与庄园相对的概念，指代的是不属于庄园所有、由国司（国衙）控制的土地，亦称为国衙领。

发现阴阳道

大，阴阳道对社会的渗透逐渐深化，成为社会构成的重要部分。然而，阴阳道原本是以阴阳寮为基础的，阴阳寮作为政府机构此后仍然长年存在，阴阳师们也是有着阴阳寮官员的身份、能够获得位阶的官僚，是肩负朝廷政务的人，我们不能忘记这一点。在辛酉革命、甲子革令等灾年，以及疫病等灾害频发之时，阴阳道与大学寮的纪传、明经、明法等诸道按照规定都需要向天皇提交勘文，这被称为诸道勘文，可以说诸道同时也具备了朝廷咨询机构的职能。

后文将会提到，阴阳师的基本职务分为占卜、咒术祭祀，以及调查时间、方位等吉凶三部分。当发生了灾害和天地异变或是叛乱等威胁国家安全的事件时，太政官与神祇官共同召集阴阳寮官员，让他们进行占卜，同时为了消除灾害而动员佛寺、神社及阴阳寮进行修法、祈愿与祭祀，因此可以说阴阳道是为了保证国家与统治阶层安宁的不可或缺的机关。这一性质在中世之后也没有变化，即使是镰仓幕府与室町幕府取代朝廷掌握政权之后，与幕府关系密切的阴阳师们也同样肩负着相似的职能。

因此接下来，我们将通过几个实例来展示当发生干旱、淫雨、疫病或是内里火灾等灾害之时，朝廷是如何应对的，包括阴阳道在内的宗教机关又需要做些什么。

灾害、怪异现象是神明作祟的结果

藤原纯友与平将门在关西、关东相继起兵作乱，合称为承平天庆之乱。天庆三年（公元 939 年）夏，这两场叛乱尚未平息，又暴发了严重的旱灾。六月，朝廷向以祈雨灵验闻名的丹生神社与贵布祢神社①进行了祈雨奉币，接下来又向以石清水八幡宫为首的与皇室关系密切的十六座神社进行了临时奉币；随后又让阴阳寮进行占卜，求问御读经与密教修法二者中哪一个更有效果，在得到答案后延请高僧百名于大极殿进行了《大般若经》的轮诵；在此之后又向位于大和的室生龙穴社奉币，让阴阳寮举办了祈雨的五龙祭。然而，种种尝试均不见成效，丝毫不见要下雨的迹象，朝廷迫不得已又下令向以石清水八幡宫为首的十一座神社进行了祈雨奉币。

天庆二年七月八日，摄政太政大臣藤原忠平以"旱魃尤甚，佛神祈祷似无感应"（《本朝世纪》）为由，令神祇官与阴阳寮进行御卜以求解明原因。占卜的结果是南方与未申方位（西南）的神社想要获得奉币，以及神社的污秽激怒了神明引发了作祟。因此，朝廷向位于这两个方位的木岛、率川等十一座神社奉币，又颁布赦免令，释放

———————

①　即贵船神社。

左右狱所中所有轻罪犯人；接下来也重复进行了诵经、奉币、修法等种种活动，终于在七月十八日盼到降雨。

应和元年（公元 961 年）七月，与天庆三年相反，霖雨不断。针对这一霖雨之灾的起因，村上天皇在自己的日记中写道："淫霖难晴矣，有物祟乎。须令占。"（《村上天皇御记》）从他下令占卜可见，他将这次连绵不断的长雨视为神灵鬼魂作祟的结果。如前所述，神祇官与阴阳寮的占卜步骤，首先要求问是否有神灵作祟，当得到肯定结果之后则求作祟原因与作祟神社的方位，这一占卜方式的必然结果就是，这些灾害与怪异现象都被视为深受皇室崇敬的以伊势神宫为首的少数特定神社作祟的产物。

应对火灾与疫病

村上天皇与父亲醍醐天皇一样通过亲政掌握了政治权力，因此后世将他们二人的治世合称为延喜天历圣世，给予了高度评价，但是在此前的天德四年（公元 960 年）九月二十三日发生了迁都平安京之后首次内里着火的大事件。火灾是象征天皇德治衰微的灾异，于是朝廷在十月一方面下令免征庸调未进部分并将徭役减半，减轻民众负担，另一方面在平安宫内真言院修密教的孔雀经法，在比叡山延历寺修火天供与毗沙门天法，于十一月一日向以伊势神宫为首的六处神社奉币，报告了内里发生火灾的情况。《村上天皇御记》记载"奉币伊势、石清水、石上三神社，谢祟告旨"，可知此前进行了御卜，确定了这次内里火灾是这三处神社作祟所致。接下来在十二月，同样因为内里火灾、天变、怪异现象而向七道诸国的各神社奉币；翌年二月十六日由于"依皇居火灾并辛酉革命之御慎"而进行了改元，新年号定为应和，是为应和元年。

京都作为当时的都城，随着物资流入，还有大量的人口从地方迁入，是当时的人口密集地。再加上当时不卫生的生活环境，京都经常发生疫病，每次疫病都要带走众多贵族官员与平民百姓的生命。以正历四年（公元993年）的疫病为例，六月在清凉殿进行了《大般若经》的轮诵，八月以时当三合厄岁（太岁、太阴与害气诸神会合的年份）及疱疮流行为由下令大赦，庸调全免，徭役减半，还举办了祛除罪秽的大祓仪式。然而，翌年疫病仍然在全国范围内蔓延开来，为此三月向以伊势神宫为首的诸神社进行了奉币，四月则举办了临时的仁王会。在临时的赈给与大祓之外，还在以东大寺为首的七大寺延请九百名僧人轮诵《大般若经》，进行种种仪式祈求神佛庇佑。

虽然如此，但疫病仍然没有要终止的迹象，因此在四月三十日进行了御卜，得出了神祇作祟的结论；于五月二日更进一步命令神祇官与阴阳寮上奏究竟是何神为祟、应当如何祛除。最终结论是神事违例导致的石清水、伊势、贺茂、松尾、祇园等神社的神灵作祟，为消除其影响需要诵经与奉币（《本朝世纪》）。接下来又举办了临时仁王会与诸社奉币，以及阴阳道的海若祭与名山祭等仪式，在正历六年（公元995年）二月二十二日以疫病与天变为由，将年号改为长德。一度平息的疫病于三年后的长德四年卷土重来，这一次朝廷也同样进行了御卜、大祓与佛事等。当时的藏人头藤原行成在自己七月十三日的日记（《权记》）中提到人们期盼尽快改元与大赦，而在第二年正月，年号终于被改为了长保。

灾害与改元、德政

由上述例子可知，当发生灾害时，首先需要向朝廷尊奉的以伊势神宫为首的众多神社进行奉币，同时在诸大寺动员多名僧侣诵读护国经典并举行密教修法，而且朝廷会命令神祇官与阴阳寮进行御卜，以求问灾害发生的原因与解除的方法。如村上天皇自身的日记中所见，一般认为原因是"物祟"，也就是个别神明（神社）因疏忽供奉与神社不洁等理由而作祟。从这一认识中我们可以看出古代日本人传统的神明观念，即将种种灾害视为支配国土与自然的神明动怒的结果。

此外，阴阳道还接受朝廷的命令，举办各种各样的祭祀，如祈雨的五龙祭、疫病时举办的四角四界鬼气祭、地震时举办的地震祭、发生天变时举办的天地灾异祭与玄宫北极祭、发生火灾时举办的火灾祭，等等。即使是在科学技术发达的现在，异常气象导致的旱灾或冻害、地震、新型病毒导致的传染病等的威胁仍然常年伴随着我们，而对于这些现象缺乏科学认识的前近代社会，除了将这些威胁解释为具有超验能力的神明或物的所作所为之外毫无办法。阴阳道的占卜则具备这一解释的机能，并且他们举办各式祭祀，这与神事及佛事一样是解决上述威胁的重要手段，因此阴阳道也是国家不可或缺的重要构成部分。

这些涉及神祇信仰与佛教及阴阳道的活动，可以说是朝廷针对引发灾害的主体的镇抚，以及祈求灾害停止的宗教性应对，然而，灾害也会对社会造成深刻影响，使得人心惶惶，因此统治者也有向寻求变革的人们展示相关应对措施的必要，其具体表现就是改元与种种德政。从公元701年将年号定为大宝开始直到九世纪结束为止，改元大多是由于出现各种庆贺天皇治世的祥瑞。而进入十世纪后，三善清行提出了辛酉革命说，据此进行的延喜改元（公元901年）成为分界线。在因为洪水与疫病而进行的延长改元（公元923年）之后，改元的理由主要集中于如下三类：其一是天皇变更而导致的代始改元，其二是为回避辛酉革命、甲子革令与三合等凶年的厄岁改元，其三则是疫病流行、内里火灾、地震或是彗星等引发的灾异改元。长德四年的疫病流行时，藤原行成在日记中提到人们渴求改元，这可以说是通过改元而实现"时间"的更新，以求回避厄岁带来的不祥与各种灾害，是有目的的政治性祓禊行为。

而德政则包括减免庸调等租税、特赦囚犯、向贫民施米的赈给等，这些都是直接向民众施加恩惠的措施。此外，还有统治者为展示政治改革姿态而令臣下提出意见，而臣下则回应这一要求，将意见密封后提交，这被称为意见封事；而纪传道、明经道等儒家则要提交诸道勘文，公卿则要上呈自身关于的德政意见，天皇与上皇也要发出敕旨将这些意见付诸实施，基于这些而发布的一系列新法也都是德政的形式之一。

延喜十四年（公元914年），三善清行提交了著名的《意见十二条》，这就是意见封事的典型案例。意见封事与新制条文中同样将天地异变的原因归结于神事懈怠与神社破损等导致的神明之怒，而为解决这一问题，则要将神佛之事列在第一位，这是后来的意见封事的通例。针对灾害的政治应对措施同样将侍奉神明列为首位，这可以说与通过占卜求问灾害与怪异的原因，求问是否有神明作祟的行为是同样的想法。

二　占卜与物忌

从安倍晴明的活动开始

阴阳师具体要做哪些事情呢？序章中我们曾经通过平安中期的学者藤原明衡所撰《新猿乐记》中描写的"阴阳先生贺茂道世"的相关记载知道，阴阳师占卜有验、驱使式神、善使符法，同时也擅长反闭、祭祀、咒术、厌法等，此外还要精通历注、天文、宿曜、地判经等，这是当时理想的阴阳师形象。这些活动大致可以归纳为以下三类：（1）占卜；（2）咒术与祭祀；（3）勘申①时日与方位的吉凶禁忌。

这也可以从阴阳师们的实际活动中得到佐证。表3－1是根据确实可信的史料整理而成的阴阳师安倍晴明（公元921—1001年）的活动年谱。在史料中能够确认的安倍晴明作为阴阳师的活动共有67件，其中（1）占卜活动共计13件，（2）咒术与祭祀活动共计18件，（3）勘申时日与方位的吉凶禁忌的活动共计21件，可知这三大分类是阴阳师的基本职务（表3－1）。

---

① 指针对朝廷的仪式等，调查先例、典故、吉凶、日时并向上呈报。

发现阴阳道

表 3 - 1 安倍晴明的活动

年份	日期	位阶官职	年龄	活动内容	出典
延喜二十一年（921）			出生		
天德四年（960）		天文得业生	40	勘申内里火灾时烧损的灵剑图	《中右记》《若杉家文书》
应和元年（961）	六月	天文得业生	41	于神护寺铸造灵剑之际，在贺茂保宪的指导下参与五帝祭	同上
		阴阳师		（任职）	《续群书类从·安倍氏谱系图》
康保四年（967）	六月二十三日	阴阳师	47	选定外记局政始日	《本朝世纪》
天禄元年（970）		阴阳少属	50	（任职）	《续群书类从·安倍氏谱系图》
天禄二年（971）		天文博士	51	（兼任）	同上
天禄三年（972）	十二月六日	天文博士	52	因天变行天文密奏并奏行四角祭	《亲信卿记》

续表

年份	日期	位阶官职	年龄	活动内容	出典
天延元年（973）	正月九日	天文博士	53	因天变行天文密奏	同上
天延二年（974）	五月十九日		54	因暴风雨吹倒官中屋舍而上奏意见	《河海抄》
	五月十四日			跟随贺茂保宪为延历寺大乘院选地	《亲信卿记》
	六月十二日			受命行河临御禊	同上
	十二月三日			因天变行天文密奏	同上
天元二年（979）	五月二十六日	天文博士	59	撰《占事略决》	《占事略决·奥书》
永观二年（984）	七月二十九日		64	与文道光共同选定天皇让位与立太子之日时	《园太历》
宽和元年（985）	四月十九日		65	为藤原实资之妻的生产行解除仪式	《小右记》
	五月二十九日			选定花山天皇结束服丧的日期	同上
				受命于大尝会上跳吉志舞	《园太历》
	十一月	主计权助		（兼任）	《续群书类从·安倍氏谱系图》

续表

年份	日期	位阶官职	年龄	活动内容	出典
宽和二年(986)	二月十六日	天文博士 正五位下	66	占太政官之怪异现象	《本朝世纪》
永延元年(987)	二月二十六日			占太政官之怪异现象	同上
	二月十九日		67	为一条天皇迁御清凉殿行反闭	《小右记》
	三月二十一日			为藤原实资迁居行反闭	同上
永延二年(988)	七月四日			为藤原实资小儿行鬼气祭	同上
	八月七日		68	选定荧惑星祭日时	同上
	八月十八日			提交不奉仕御祭的怠状	同上
永祚元年(989)	正月六日			占天皇之病	同上
	正月七日		69	因天皇出御紫宸殿行御禊	同上
	二月十一日			因皇太后藤原诠子之病而行泰山府君祭	同上
	二月十六日			因朝觐行幸圆融寺而行反闭	同上
正历四年(993)	二月二日	正五位上	73	为天皇行御禊，因有验而赐位阶	同上
正历五年(994)	五月七日	前天文博士	74	选定临时仁王会日时	《本朝世纪》

续表

年份	日期	位阶官职	年龄	活动内容	出典
长德元年(995)	八月一日	主计权助	75	作为一条天皇藏人所的阴阳师发表意见	《朝野群载》
	十二月十九日	主计权助		天文道申雷事，因此上奏当停御占	《权记》
	正月二十五日	主计权助兼备中介		在主计寮任官申请文书上署名	《除目大成抄》
长德三年(997)	三月二十一日		77	选定内膳司造立平野神殿日时	《中右记》
	五月二十四日			将烧毁的内侍所灵剑的铸造通知藏人信经	同上
	六月十七日			为行幸东三条院选定日时与出门方位	《权记》
	六月二十二日			因行幸而行反闭	同上
长保元年(999)	七月八日		79	因天皇渡御一条院内里而行反闭	同上
	七月十六日			占卜天皇齿痛，选定祭祀日时	同上
	九月七日			就仓院年预一职的后继者问题向藤原行成汇报	同上
	十月十四日			占卜太后迁正官宫凶	《小右记》
	十月十九日			因太皇太后之病而实地调查迁居之所	同上
	十一月七日			受命选定防解火灾御祭的日时并实施	《权记》

发现阴阳道

年份	日期	位阶官职	年龄	活动内容	出典
长保二年（1000）	正月二十八日			选定立女御藤原彰子为皇后的日时	《御堂关白记》
	二月十六日			选定行幸法兴院日时	同上
	五月十三日	从四位下		收到当年位禄三百六十俵九斗六升	《平安遗文》1161号
	八月十八日			选定天皇迁官日时	《权记》
	八月十九日	从四位下	80	占卜藤原行成宿所之径异现象，受命上奏织部司设立御服所的方忌	同上
	十月十一日			在天皇出御一条院内里及入御新造内里时行反闭	同上
	十月二十一日			在叙位仪式上担任武部大辅代	同上
长保三年（1001）	六月二十日		81	选定为求东三条院诠子病体痊愈行一万不动像供养与教康亲王真荣始①的日时	同上
	闰十二月十七日			占卜东三条院诠子可否定居东邸	同上
	闰十二月二十三日			关于东三条院诠子葬送仪式上奏意见	同上
	闰十二月二十九日	散位		因谅暗②停追傩而晴明于私宅行私追傩	《政事要略》《小记目录》

续表

年份	日期	位阶官职	年龄	活动内容	出典
长保四年（1002年）	三月十九日		82	因内里火灾不断，受命上奏意见	《权记》
	四月十日	从四位下		收到当年禄料三百六十斛九斗六升	《平安遗文》1161号
	七月二十七日	大膳大夫		因天皇为天皇行玄官北极祭	《诸祭文故实抄》
	十一月九日			为行成进行泰山府君祭	《权记》
	十一月二十八日	左京权大夫		行成受安倍晴明劝说，子日出时向泰山府君献纸钱	同上
长保五年（1003）	八月二十一日		83	因敦康亲王生病而行占卜	同上
宽弘元年（1004）	二月十九日	左京权大夫	84	随藤原道长前往木幡，选择三昧堂的建造地址	《御堂关白记》
	二月二十六日			回答关于天宝忌日的提问	《权记》
	六月十八日			因道长参谒贺茂社在灭门之日停止行占卜	同上
	六月二十日			劝诫藤原道长在天净门之日停止修造佛像	同上
	七月十四日			因行五龙祭求雨有验，得赏	同上
	八月二十二日			占卜中宫彰子可否前往大原野社	同上
	九月二十五日			占卜多武峰鸣动	同上
	十二月三日			为藤原道长行祭祀	同上

发现阴阳道

年份	日期	位阶官职	年龄	活动内容	出典
宽弘二年（1005）	二月十日		85	因藤原道长正居，行镇新宅作法	同上
	三月八日			在中宫彰子前任大原野社之际行反闭	《小右记》
	十二月十六日			去世	官内厅书陵部所藏《阴阳家系图》

注：①又写作"真鱼始"，指在平安朝贵族社会中举行的一种通过仪式，即首次给小孩饮食用鱼肉或鸡肉等动物性食品的仪式。

②亦作"谅阴"，指居丧，多用于皇帝。

被视为安倍晴明竞争者的阴阳师贺茂光荣（公元939—1015年），其明确可知的活动记录共有99件，其中（1）占卜活动共计26件，（2）咒术与祭祀活动共计38件，（3）勘申时日与方位的吉凶禁忌的活动共计31件。由此也能够了解到阴阳师主要发挥前述三类职能，同时兼具占卜师与咒术宗教家两种职能。

那么这些职能实际上都是怎样的，又有哪些社会性作用？接下来就逐一探讨这些问题。

阴阳道的占卜术

原本在律令制下，阴阳博士与阴阳师的职务内容就是占卜，占卜的范围广泛，主要是朝廷与各官厅履行职务时涉及的时日与行事的吉凶等。但是上一章中已经提到过，从平安时代初期开始，随着律令制支配体制的衰退，贵族统治阶级内的危机意识增强，以此为背景出现了将各种灾害与怪异（物怪）归结于神灵精鬼等目不可见之物的作祟与警示的认识。对此感到恐惧的贵族统治阶级开始依赖阴阳师的占卜术，以求解明作祟的原因。

假如将灾害与怪异视为国家与社会集体层面的灾祸，那么疾病就是个人层面的灾祸。在缺乏科学知识的前近代社会中，疾病也多被视为作祟的结果。基于这一认识，阴阳师占卜的主要内容也就转为解明怪异与疾病的原因。安倍晴明也占卜过发生在太政官与藤原行成家里的怪异，以及藤原氏祖先藤原镰足坟墓所在的大和多武峰的鸣动，这被称为怪异占，共有四例；他还占卜过一条天皇的疾病与牙疼，以及敦康亲王的疾病，这被称为病事占，共有三例。由此可知，阴阳师占卜的主要内容是为了解明怪异与疾病的原因。

根据八世纪初的《官人考试帐》可知，当时阴阳师所使用的占卜法除易筮之外，还有太一、遁甲、六壬式三种式法，以及五行占等占卜方式，而小坂真二通过研究证实了从平安时代开始到战国时代末期技术传承断绝为止，阴阳师主要使用的占卜方法一直是六壬式占。所谓的六壬式是在中国汉代公元元年前后形成的占卜法，使用被称为六壬式盘的占卜工具，六壬式盘的结构是在方形的地盘上叠加圆形的天盘。现在阴阳道所使用的式盘不传于世，中国则有几件从东汉时代或是六朝时代流传至今的六壬式盘，据此可知位于天盘中央的是北斗七星，在其周围则是十二月将、十干十二支、二十八宿等，地盘上则刻有八干十二支与二十八宿等（彩插13）。

六壬式是基于时刻的占卜法，这一占卜首先将被占卜事件发生的时间或是接受占卜委托的时间复原到式盘上，再根据特定的手段旋转式盘，导出四种干支的对应关系，这被称为四课。其次，根据五行说对这一对应关系进行解释，从最重视的一课开始解读被称为初传、中传与终传的三种数据，这被称为三传。《新猿乐记》中提到"阴阳先生贺茂道世"擅长占卜术时说他"四课三传，明明多多也"，指的就是上述内容。最后，将求得的数据与式盘之神，也就是十二月将与十二天将各自的性格相对照，阴阳师由此综合判断得出结果，这就是六壬式。

接下来，让我们通过几个具体事例来看怪异占与病事占的详情。

占卜怪异

所谓怪异占，指的是将灾害与怪异（物怪）的发生视为目不可见之物的作祟与警告，因此通过占卜以求解其原因及吉凶预兆。

本书此前反复强调，怪异是能够让人感到不安的各种自然现象，也称物怪，被视为神灵的警告与灾害的前兆，那么当时的贵族们具体会将什么样的事情视为怪异呢？刚好有一些材料非常适合用于考察这一点，现介绍如下。

藤原道长有一位被视为对手的亲戚，名为藤原实资（公元 957—1046 年），由于他最终官拜右大臣，而且

发现阴阳道

其居所被称为小野宫，因此他留下的日记被称为《小右记》，这份日记共写了五十余年，是关于摄关时期的政治与社会的第一级史料。除了日记正文之外，还有将日记内容要约整理后分门别类而成的《小记目录》二十卷（现存十八卷），由此可补充散佚不存的部分日记内容。

在《小记目录》中有一个门类是"怪异事"，其下共有162件记载。统计被分类为怪异的相关记载可知，其中有例如乌鸦咬破位于内里内部左近卫阵内的左大将座后倒地不起，或是狗在左近卫阵内部的奥座上拉屎，又或是牛马进入外记厅等鸟兽的行动；也有贺茂社的大树倾倒等植物的异变；还有彩虹等特殊气象；又或是见到人类的灵魂游走、听到鬼声等多种多样的异常现象。

这些怪异是否需要申请怪异占，最终基于贵族与阴阳师的个人判断，实际上并非所有怪异都会成为占卜的对象，但这也足够成为参照物，让我们理解当时的贵族都将哪些现象视为怪异。将《小记目录》中所载怪异分类所得的结果是表 3－2（其中去除了12件详情不明的怪异，因此总共是150件）。

表 3-2 《小记目录》所见怪异的种类

种类	数量(件)	占比(%)
兽类(犬 10,鹿 7,牛、狼各 5,狐 4,猪 3,马 2,鼠、兔、猿、猴各 1 及其他)	43	28.7
鸟类(鹭 11,乌鸦 8,雉 5,鸠 3,大鸟 2,小鸟 2 及其他)	38	25.3
建筑物、坟墓鸣动、倒塌(内里 3,多武峰 3 及其他)	13	8.7
气象(虹 7,暑热、雨、雪、云各 1)	10	6.7
植物(树倾倒 4,非时花 4)	8	5.3
器物、车	8	5.3
蛇	7	4.7
异人、鬼	5	3.3
异光(光 3、魂魄 2)	4	2.7
虫	4	2.7
音	2	1.3
梦	1	0.7
其他不明	7	4.7

虽然事件多种多样,但是其中特别显眼的是犬、鹿、鹭、乌鸦、蛇等,这些与动物相关的怪异占据了总数的一半以上,除此之外还有建筑物、坟墓的鸣动与倒塌,而气象现象则以彩虹居多。

这些事件都是当时贵族的日常生活中经常发生的,但并非只要发生了就是怪异,例如动物的怪异,只有当动物侵入贵族的生活领域并被发现时,这些现象才被视为怪异，彩虹也只有当发生在官厅或是贵族宅邸内部时才被视为怪异，因此可以说，与个人或是集体之间的关联性才是这些事件被视为怪异的条件。这说明当时的人们认为，在这些特异现象背后有着神灵的意志以及对人类的警示。

这可以说是贵族乃至古代及中世的日本人的一般认识，他们并不认为人类生活周边的一切自然中都宿有神明，而是从或美丽或恐怖或不可思议或异常的那些特别能够感染人心的事物中感受到神灵的存在。换言之，他们将种种现象视为神灵为了传递自身意志而随意操纵的结果，而怪异占则是他们用来判断神灵所要传递的意志或是警告的手段。

整理《小记目录》所载怪异的发生场所后，可以得到表 3 – 3 的数据。首先，发生在内里的怪异占了总数的三成左右，再加上发生于平安京内官厅的怪异事件，这两者就占了总数的将近一半，这一点值得关注。发生在内里的怪异因为涉及国家主权者也就是天皇的安危，这反映了害怕怪异的贵族官员们的警戒心集中于天皇及其周边。神社与寺庙作为信仰聚集之地，则是最能反映神佛意志的场所。尤其是伊势神宫与平安京邻近的贺茂神社等具有朝廷守护神性质的神社中一旦发生怪异，神职人员们都会尽职尽责地加以通报。

表3-3　《小记目录》所载怪异的发生场所

场所	数量(件)	占比(%)
内里	51	34.0
官厅(包括大内里2,东宫1)	16	10.7
寺社	28	18.7
自宅(小野宫邸等)	13	8.7
藤原氏、摄关家	12	8.0
其他贵族家等	12	8.0
诸国	4	2.7
京内	2	1.3
不明	12	8.7

　　由于《小右记》是藤原实资个人的记录,因此也记载了发生在自宅内的怪异,以及许多关于藤原道长、藤原赖通父子家,也就是摄关家的怪异。他们既是贵族之首,也是藤原氏之长,也就是所谓的藤氏长者,管理着春日大社、大原野神社、吉田神社等氏社与兴福寺等氏寺,还有大学生的宿舍与管理机构劝学院,以及位于多武峰的祖庙等为数众多的氏族设施,发生在这些地方的怪异都会报告给氏族长者。

怪异与物忌

　　如前所述,由于怪异会发生在种种地方,发生后阴阳师则受召进行怪异占。需要注意的是,随着怪异发生场所的不同，得到神灵作祟与警告的对象也不一样。

首先，当发生了旱灾或水灾等全国性灾害时，或者在诸国以及伊势神宫、东大寺等国家级别的寺社里发生了怪异，需要立刻向朝廷报告，经过特定程序在内里紫宸殿东侧的轩廊里召集神祇官与阴阳寮官员，进行轩廊御卜。这是卜求国家与天皇安危的最高级别的占卜，与国政有直接关系，其目的是断定引发灾害与怪异的神灵，从而应对预计将要发生的凶兆，在多数场合下原因都会被归结到神事不净导致的神灵作祟，至于将要发生的凶事则包括国政最高责任者也就是天皇的疾病、疫病的大范围流行、争论、叛乱、火灾等。

当天皇的居所也就是内里中发生了怪异时，需要召集天皇的近侍阴阳师——藏人所候阴阳师（有时也略称为藏人所阴阳师）等人占卜天皇的安危，这称为藏人所御占。换言之，诸国与国家级寺社中发生的灾害与怪异所警示的对象是国家的主权者天皇，而发生在内里的怪异也要由内里的主人天皇来承担责任。

诸官厅与藤原氏的相关设施以及贵族的私宅中也会发生怪异，这时候阴阳师也会接受询问并进行占卜，但神祇官并不参与其中。一般来说，当贵族的宅邸内发生怪异时，需要占卜的是这一家的家长与家人有何过错；至于藤原氏的氏社、氏寺、劝学院以及祖庙等氏族设施中发生的怪异，则由藤氏长者（当时的摄政或是关白）负起责任，占卜其自身或是藤原氏及其他贵族中何人有过错；至于发生在官厅设施中的怪异，则其占卜对象是聚集在这一场所的贵族官员。

　　阴阳师的怪异占以神灵的作祟与警告的形式预言疾病、争论、火灾等种种凶事，同时也给出了相关的应对方法，那就是在所有行动中都有所避讳的物忌。物忌根据五行相对应的干支指定实施时间，每次两日，例如每个甲乙日、丙丁日、戊己日等。假设怪异发生在甲乙日，那么根据五行相胜说，由于甲乙日是木行，因此胜过木行的金行所对应的庚辛日则成为物忌日，物忌的时间长短也由阴阳师的占文指定。一般而言，我们现在所说的物忌大多是指某种事物不吉，因此要加以回避，但其实贵族日记中提到的物忌多是这种根据怪异占而指定的物忌日。

天皇与藤氏长者的物忌

　　天皇是国家的主权者，因此除内里之外，发生在诸国、国家级别的神社与寺院内的怪异也都可能与他有关，换言之，与天皇有关的怪异领域特别广泛，因此需要占卜的机会自然也更多，最终导致物忌的日数相应增加。通过物忌以求回避神灵作祟带来的灾异，这一意识对天皇的日常生活造成了巨大的影响，使其生活变得相当不便。

发现阴阳道

例如以下这个院政时期的例子。《本朝世纪》是太政官下属外记局的记录，整理了近卫天皇时期轩廊御卜的相关记录。其中从仁平元年（公元 1151 年）七月到次年六月为止的一整年内，与伊势神宫和贺茂神社等相关的御卜共有 24 次，多数被认为缘于神事不净或违例，而为了避免天皇的御药（疾病）、争论、火灾等的物忌日多达 156 天。

《本朝世纪》是太政官的外记日记，而发生于内里的怪异由藏人所负责处理，与此相关的藏人所御占未被记录其中，因此可以推测天皇的物忌日数要比《本朝世纪》所载数字更多。在此之前，天仁元年（公元 1108 年）六月藤原宗忠提到前一年七月十九日鸟羽天皇即位之后，由怪异引发的轩廊御卜共计 38 次，其中有 28 次的结果是天皇需物忌，他因怪异之频繁而深感恐惧（《中右记》天仁元年六月十三日条）。由此可知，比起近卫天皇在位期间，此时的轩廊御卜更为频繁，因为院政时期的天皇作为国家的主权者需要承受神明的问责，为了回避灾祸，一年之中半数以上的日子都要在宫中物忌。

除天皇之外，物忌最多的应当属藤氏长者，他需要为下属的众多氏族相关设施负责。在《大镜》卷五中，关于藤原氏的怪异有如下记载。

此寺（兴福寺）与多武峰、春日、大原野、吉田等地发生不寻常的异事之时，寺社的僧侣、祢宜等人需要奏申公家。这时藤氏长者殿下需要下令命人占卜，当得出需要御慎（物忌）的答案时，就要按照顺序通知年龄符合占卜结果的诸位公卿，令其行物忌。

奈良的兴福寺，以及春日大社、平安京周边的大原野神社、吉田神社是属于藤原氏的氏寺、氏社，多武峰则是现在的谈山神社，是祭祀氏族祖先藤原镰足的祖庙所在，这一点前文已有提及，这些都是极为神圣的场所。一旦在这些地方发生了"违例怪事"也就是怪异，就会被视为神灵对藤原氏做出的启示与警告。氏长者作为负责人，必须召唤阴阳师对此进行占卜，当占卜结果指出何人有过时，就需要根据占卜文指定的年龄范围，通知符合条件的公卿让他们进行物忌，同时氏长者本人也必须进行物忌。

氏长者的物忌有多频繁，通过藤原道长的例子可见一斑。藤原道长的日记《御堂关白记》的亲笔原稿记载在具注历上，每半年一卷，现在仍有一部分留存在其子孙近卫家所属的阳明文库内，被指定为国宝，共计十四卷。日记的日期部分的上方以藤原道长本人以外的字迹写有"御物忌"，这是阴阳师根据怪异占结果指定藤原道长的物忌日之后，藤原家的下人为了方便为藤原道长安排行程而抄录在具注历上的。分别统计长德四年（公元998年）、宽弘元年（公元1004年）、长和二年（公元1013年）各半年间的物忌日数可知分别是43日、38日与45日，由此可知藤原道长一年的平均物忌日数大致在80天上下。

应对疾病

除怪异之外，阴阳师最经常占卜的就是疾病了。就像自然灾害等造成深刻社会影响的灾异被视为神灵作祟的产物一样，疾病也被视为神灵作祟反映在个人身上的结果。贵族们对于自身与亲戚们突然所患疾病感到担心与惊讶，因此常延请阴阳师对此进行占卜，阴阳师们求问疾病产生的原因是不是受到神灵作祟的影响而进行的占卜，被称为病事占。

长和二年（公元1013年）八月二十五日，藤原实资请贺茂光荣与安倍吉平占卜儿子所患的热病，他们回答"无殊祟，亦非重"，也就是说疾病并非由神灵作祟引起，也不会变得更严重。虽然如此，藤原实资还是担心，为了祈祷孩子的疾病早日痊愈，延请僧侣举办了《仁王经》的读经会（《小右记》）。次年四月，藤原道长患病时，自称"日来夜夜恼苦，初似疟病，至今他祟相加欤"，也就是说道长最初觉得自己只是普通的热病，然而长期不愈使他怀疑莫非是神灵作祟的结果（《小右记》）。

阴阳师在病事占里所求得的疾病原因，也就是引发疾病的作祟主体，只有鬼神、土地、灶神、北辰、氏神、社神等物与神，以及灵气（物气）、诅咒等。相关记载在安倍晴明所著占书《占事略决·占病祟法·第二七》中可见，可知阴阳师并非自由卜定疾病的原因，而是从最初确定好的几种神灵作祟的项目之中通过占卜确定作祟之物。当通过占卜确定疾病的原因之后，接下来就是祛除作祟之物并治愈疾病，这也是阴阳师的工作内容。

长保元年（公元 999 年）九月十六日，藤原实资请贺茂光荣占卜自身的疾病，结果被告知是"求食鬼"（也就是佛教里所说的饿鬼）作祟，贺茂光荣在夜里为他举办了祭祀此鬼的鬼气祭。万寿四年（公元 1027 年）三月五日，藤原实资因病卧床不起，贺茂守道为他占卜的结果是灶神作祟，因此进行了解除仪式（《小右记》）。一条天皇于长保元年十二月患眼疾，阴阳师县奉平占卜的结果是妙见（亦称北辰，即北极星）作祟，因此天皇派遣藏人所出纳前往洛北灵严寺的妙见堂检查殿堂，这里是天皇在每年三月三日与九月三日向北辰进献御灯的地方。据使者回报，妙见堂屋顶的桧树皮等都破旧不堪，只有占地九间的墙壁尚存，因此天皇命令相关官员与山城国司进行了修理（《权记》），这也是为了让妙见停止作祟。

三条天皇也曾于长和四年（公元1015年）六月罹患热病，阴阳师占卜的结果是鬼神作祟，并指出是巽方（东南方）的神社作祟，这时天皇下令进行御祓。到了九月，天皇又患眼疾，安倍吉平占卜的结果是"依旧御愿未奉果给，巽方大神祟欤"（《小右记》），换言之，这是因为此前天皇未能满足神灵的愿望，才有了这一次作祟。根据这一占卜结果，朝廷向位于京都东南方的春日大社派遣了使者以祈求天皇的病体康愈。

而院政期的例子，则有崇德天皇的中宫——皇嘉门院藤原圣子于承安三年（公元1173年）三月三日举行了病事占，结果是土地、鬼灵与灵气作祟，因此从三月五日开始由阴阳师安倍时晴举办了为期三天的土公祭、鬼气祭，又从三月八日开始连续三日举办了施饿鬼仪式，同时由阴阳师贺茂周平进行阴阳道的招魂祭。皇嘉门院于次年五月再度患病，在五月七日的占卜中，阴阳师认为是邪气、土地与鬼灵作祟，次日首先举行了土公祭与鬼气祭。但由于不确定为祛除邪气而延请密教僧侣进行加持一事是凶是吉，又请阴阳师进行了占卜，得到了"吉"的答复，遂决定在护身与诵经之后令密教僧侣施行加持，据说这是由于之前占卜的结果里同时出现了鬼与灵的作祟（《玉叶》）。

物气、神气与诅咒

从之前的例子可以看出，当阴阳师通过病事占确定作祟主体之后，就进入了解决问题的阶段。阴阳道里，针对鬼神作祟（鬼气）有鬼气祭，针对土地作祟有土公祭，针对灶神作祟也有相应的解除手段，而针对神灵作祟（神气）的应对方法则是向对应方位的神社派遣使者进行奉币。要是占卜出现了北辰作祟，相关记载里只有前述一条天皇的孤例，这时的应对方式是派遣使者前往灵严寺妙见堂调查堂舍是否有破损以求镇谢北辰（妙见）的作祟，当占卜的结果是物气（邪气、灵气等）时则采用密教的加持以求病体痊愈。然而，也有像此前皇嘉门院一样同时有多个作祟者的情况，这时需要慎重应对。

在《荣花物语》第十二卷中有如下记载，长和四年（公元 1015 年）十月，摄政藤原赖通病重，让贺茂光荣与安倍吉平占卜之后得到如下结论：

　　（关于赖通病因的占卜结果）有说是御物怪的，又有说神气可畏的，还有说是被下了诅咒所致。"假如是神气作祟，那么就不该有御修法等事；而假如是御物怪所致，放之不理（不举行密教加持修法）也很危险"，众说纷纭，无法达成一致，在此期间只有

发现阴阳道

御祭与祓事（因为不受各种忌讳所限）频繁进行没有停顿。

这次藤原赖通生病的原因不止一个，占卜的结果是物气、神气与诅咒三个原因。针对神气的应对，通常是向作祟之神的神社进行奉币；针对物气则需举行密教的加持与修法；针对诅咒则由阴阳师举办河临祓。然而，有一个问题是"假如是神气作祟，那么就不该有御修法等事"，也就是说当占卜到神气时，要回避佛教的加持与修法。

而更深刻的例子则是藤原道长之女——东宫妃藤原嬉子的疾病。万寿二年（公元 1025 年），赤斑疮（麻疹）大流行，八月三日嬉子在感染赤斑疮的情况下生下了亲仁皇子（这就是此后的后冷泉天皇），此后陷入了危笃状态。这时有传言说，这是右大臣藤原显光与他的女儿延子的怨灵作祟，他们两人去世时对藤原道长心怀怨恨，因此附在了嬉子身上。阴阳师们占卜的结果是神灵作祟，但是藤原道长仍然想要举办密教的加持，以求从怨灵手中保护藤原嬉子，因此他让阴阳师贺茂守道与安倍吉平占卜行密教加持的吉凶，但是两人的占卜结果并不一致。然而，藤原道长仍然坚持进行加持以求祛除怨灵。为了争分夺秒保护女儿，他甚至抛下担心神灵作祟而不敢进行加持的密教僧人，亲自上阵进行加持〈藤原道长于宽仁三年（公元

1019 年）出家〉，诸僧最终迫不得已也追随他一起加持，然而这些最终都没有成效，嬉子仍然于八月五日去世。

播磨守藤原泰通体察到藤原道长不愿放弃的心情，令阴阳师中原恒盛于当夜在风雨交加之中，登上了藤原嬉子居所上东门院的东厢房的屋顶，行唤魂之法。这一做法违背常规，后来在阴阳寮内部引发了争论。到了八月八日，藤原道长因为梦见藤原嬉子复生又下令进行祭祀，同时又后悔听信了安倍吉平之言进行加持，口出不敬佛法之言。为此，他的心腹民部卿源俊贤苦苦劝谏。听到了此事经过的藤原实资，在自己的日记里感叹："加持不快事也。偏祈神明，可期平产欤。"（《小右记》）想必是因为病事占给出的结果是神气作祟，所以藤原实资才会产生这一看法。

在当时的贵族社会，人们就是像这样通过阴阳师的病事占解明病因，然后再采取相应的治疗对策。当然，当时也有医师诊治，但是就连服药的吉凶与服药的时刻都需要询问阴阳道。疾病被视为作祟的产物，而根据不同的作祟之物有着不同的应对方式，例如神气则求神社，物气则由密教进行加持，鬼气与土地等作祟则有阴阳师进行应对的鬼气祭与土公祭等祭祀，神祇信仰、佛教与阴阳道在这一问题上有着各自固定的守备范围，这一点值得注意。尤其是阴阳道既能判定疾病的原因，同时又能应对部分疾病，可以说具有完备的内部结构，这是阴阳道能够成为当时贵族社会中必不可缺的一部分的原因。

三　日常心得与阴阳师

历法与贵族社会

藤原道长的祖父、右大臣藤原（九条）师辅留下了《九条殿遗诫》，这是向子孙后人讲述日常生活里的心得与教训的书籍，其中有大量与阴阳道相关的信仰与习俗，因此我们在此引用其开头部分。

> 起先称属星名号七遍。微音。其七星，贪狼者子年，巨门者丑亥年，禄存者寅戌年，文曲者卯酉年，廉贞者辰申年，武曲者巳未年，破军者午年。次取镜见面。次见历知日吉凶。次取杨枝向西洗手。次诵佛名及可念寻常所尊重神社。

早起首先念诵的属星名号，指的是根据生年干支而推算的北斗七星之一，这被认为是掌管人的寿命与一生祸福的星神。由北斗七星的勺形往勺柄方向数起，第一星贪狼星对应生于子年的人，第二星巨门星对应生于丑年与亥年的人，以此类推。此外，与这一属星有关的阴阳道相关祭祀称为属星祭。

接下来要照镜确认自己的脸色，再翻看日历以确定吉凶。当时的日历被称为具注历，其中除了年月日之外，还用汉文记录了每日方角神的方位与种种吉凶。具注历由历博士负责编纂，每年十一月一日由中务省率领阴阳寮官员进献给天皇，这被称为御历奏。

具注历由历序、历日、历跋等部分构成，历序的内容包括对这一年的日数、方角神的方位和历注的解说；历日的内容包括从正月一日到十二月晦日为止每一天的宿曜与各种吉凶注记，例如每日可以做的事情等；历跋的内容包括上一年十一月一日奏历时历博士等人的署名等。具注历的形式与历注的项目等都是与历法书一起由中国传来的，奈良的正仓院收藏有奈良时代的具注历。

历注中充满了各种禁忌，如前所述，吉备真备在《私教类聚》中提到对于历注的知识应当知其大略，但是不可尽信。在此之后，平安时代初期的大同二年（公元807年），平城天皇下令禁止历注，因为他认为这是俗说，不值得采信。然而三年后，嵯峨天皇在位的弘仁元年（公元810年）九月，公卿们提出"历注之兴，历代行用，男女嘉会（婚礼等喜宴），人伦之大也。农夫稼穑（谷物的种植与收获），国家之基也。伏望因顺物情，依旧具注",嵯峨天皇接受了他们的意见,许可重新启用历注(《日本后纪》)。进而从九世纪后半期开始,历注的内容除了二十七宿与七曜之外,还多出了三宝吉日、忌夜行、忌远行等朱批,这些内容多以中国传来的繁杂的五行书为根据。随着禁忌的日渐增多,贵族们的日常生活受到的约束也越来越多。

藤原师辅在《九条殿遗诫》的其他部分中也提到了具注历的使用方法,指出除了看历注之外,应当将年中行事写入具注历以便随时查看,提前准备,以及为了避免遗忘,应当将前一日的公务与重要事件记载到具注历中,这些写进具注历里的就是通常所称的日记。贵族们将自己的日记称为"历记"或是"自历记",此外也有像以藤原道长的日记《御堂关白记》为代表的亲笔原稿流传至今的日记,这些亲笔原稿都是记在具注历上的(彩插14)。这些亲笔原稿毫无例外都是将主要年中行事记载在历日上方,由此可以知道藤原师辅的教导是贵族们的共同认识。

何时可以剪指甲?

此前引用的《九条殿遗诫》提到,在起床的上述动作之后首先应当饮粥,接下来每隔三天梳一次头;其次是修剪手脚的指甲,手指甲应当在每个丑日、脚指甲应当在每个寅日修剪；再次则是沐浴，这同样要每隔五天择吉日进行。关于沐浴的吉凶，他引用了被称为《黄帝传》的书籍中的学说，认为"凡每月一日沐浴短命，八日沐浴命长。十一日目明。十八日逢盗贼。午日失爱敬。亥日见耻"。此外还有恶日不可沐浴的规矩，所谓恶日指的是寅、辰、午、戌、下食日。

关于剪指甲的日子，就像藤原师辅所说的那样，在具注历的丑日与寅日上分别每隔十二日都标有"除手甲""除足甲"的字样。此外具注历上还记有沐浴日，这与藤原师辅的遗诫略有出入：每月的①甲子、⑨壬申、⑩癸酉、⑫乙亥、⑬丙子、㉑甲申、㉒乙酉、㉔丁亥、㉕戊子、㉝丙申、㉞丁酉、㊱己亥、㊲庚子、㊺戊申、㊻己酉、㊽辛亥、㊾壬子、㊼庚申、㊽辛酉、⑩癸亥等日子（圈码数字表示起自甲子终于癸亥的干支编号，参见表3-4）被设定为沐浴日，《黄帝传》中被认为是见耻之日的亥日也被定为沐浴日。具注历中标注的沐浴日共有二十种，占六十干支的三分之一，以每月三十天计算平均三日能洗一次澡，但是实际上，既有①甲子与⑨壬申之间长达八天不能洗澡的间隔，也有需要连日洗澡的⑨壬申、⑩癸酉、⑫乙亥、⑬丙子。假如时人完全遵照这一规定，那么夏天里连续八天不能洗澡想来是一件非常麻烦的事情。

表 3 - 4　六十干支

①	甲子	②	乙丑	③	丙寅	④	丁卯	⑤	戊辰	⑥	己巳
⑦	庚午	⑧	辛未	⑨	壬申	⑩	癸酉	⑪	甲戌	⑫	乙亥
⑬	丙子	⑭	丁丑	⑮	戊寅	⑯	己卯	⑰	庚辰	⑱	辛巳
⑲	壬午	⑳	癸未	㉑	甲申	㉒	乙酉	㉓	丙戌	㉔	丁亥
㉕	戊子	㉖	己丑	㉗	庚寅	㉘	辛卯	㉙	壬辰	㉚	癸巳
㉛	甲午	㉜	乙未	㉝	丙申	㉞	丁酉	㉟	戊戌	㊱	己亥
㊲	庚子	㊳	辛丑	㊴	壬寅	㊵	癸卯	㊶	甲辰	㊷	乙巳
㊸	丙午	㊹	丁未	㊺	戊申	㊻	己酉	㊼	庚戌	㊽	辛亥
㊾	壬子	㊿	癸丑	51	甲寅	52	乙卯	53	丙辰	54	丁巳
55	戊午	56	己未	57	庚申	58	辛酉	59	壬戌	60	癸亥

此外,《黄帝传》中提到每月一日沐浴会短命,但是以"三迹"之一闻名于世的权大纳言藤原行成的日记《权记》宽弘六年（公元 1009 年）五月一日条中有如下记载。

有人说五月不宜沐发,且一日不宜入浴。但是查《历林》可知:"五月一日,沐发,良。此日沐,使人目明,长命富贵。"《历林》还说:"五月一日日出沐浴,除过三百,使人无病。……五月一日沐浴,延年除祸。一云,朔日沐浴,不出三月有大喜。"因此,藤原行成根据《历林》的说法在这一天沐浴。《历林》是著名阴阳师贺茂保宪根据中国的五行书编纂的关于历注禁忌的解说书,现在不传于世。

至于《黄帝传》中提到的八日沐浴可长命的说法也

有如下事例。长和二年（公元1013年）七月六日，藤原道长之女、三条天皇的中宫妍子诞下了祯子内亲王，这时应有名为"浴殿奉仕"的仪式，阴阳师安倍吉平查阅历书后提出将时间定在当月八日。这时藤原道长认为按照世俗习惯八日不宜沐浴，向其询问，安倍吉平回答道，根据《尚书历》，七月八日应行沐浴，因此最终沐浴日被定在了八日。由此可知，仅仅关于某一天能否沐浴，也有以各种五行书为依据的多种不同观点。

具注历中共有三四十种吉凶注，包括大将军神等八将神的所在方位，往亡、归忌、血忌等凶日，适宜佛事的三宝吉日与不宜佛事的狼藉日、大祸日，适宜神事的神吉日，以及不宜夜行的忌夜行日、不宜探病的不问病日、不宜凭吊的不吊人日等，各式各样，花样繁多。从何日剪指甲与何日沐浴的例子就能看出，这种关于每日的吉凶观念是如何渗透到贵族社会内部的。

先例的形成

从《九条殿遗诫》也可以看出来，具注历是生活必需品，与贵族们的日常活动难以分割。举例来说，《御堂关白记》长和元年（公元1012年）十二月八日条中提到，藤原道长参内，在公卿会议上与诸位公卿讨论年末年始各项仪式的日程。这时，由于仪式繁多而吉日不足，他们下令要求提交十五日以后的日历，由此可以想见当时的公卿们翻查历注，以求在不触及各种忌讳的条件下确定日程安排的姿态。然而，在此之后，藤原道长在日记中专门提及了一句"不召阴阳师"。朝廷的诸多行事与贵族们具有公事性质的各种仪式，原本都是要咨询阴阳师后再确定举办时间的，藤原道长会专门提及，也说明他认为这原本是应当召阴阳师询问后再决定的事宜。

除了历注之外，阴阳道所使用的各种典籍中记载了包括日时、方位在内的各种各样的吉凶禁忌之说，而精通这些知识的阴阳师被视为选定日时的专门人士，因此朝廷的各种行事与天皇行幸等临时行事，以及贵族们的公事由阴阳师勘申日时是长久以来的惯例。然而，当多种禁忌纠结在一起之时，由于贵族社会重视先例，有时阴阳师们选定的日时也会被驳回。

藤原道长在长和五年（公元 1016 年）二月令安倍吉平勘申移居二条第的日时，吉平建议在方违之后于三月二十三日移居，然而到了正式移居前两天，藤原道长翻看具注历发现，这一天的历注中提到了"忌远行"。为此他召来安倍吉平加以责问，吉平回答道，桓武天皇迁平安京的那一天也是忌远行日，但桓武天皇仍然毫无顾忌地进行了迁都，因此在忌远行日时并不避忌移居。就此，藤原道长认为迁都过后三百余年，人们仍然有忌远行日的风俗，因此不能接受安倍吉平的理由，让他重新勘申移居的时间（《御堂关白记》）。忌远行是九世纪末开始采用的朱书历注之一，因此在平安迁都的延历十三年（公元 794 年）并没有忌远行日这一问题，然而藤原道长更重视现实生活中被采纳的凶日忌讳，因此选择遵从历注。对于当时的人来说，时间是循环的，而吉凶则在由干支构成的时间循环中不断重复。

在此之前的长和二年（公元 1013 年）六月，藤原道长将两位儿子——藤原赖通与藤原教通分别送上了权大纳言与权中纳言之位，因此让贺茂光荣选定两人的着阵日期。所谓的着阵，是新升任的参议、中纳言、大纳言与大臣等人首次前往位于内里宜阳殿的阵座并入座的仪式，经由这一仪式与在太政官外记厅内的着座仪式之后，公卿才能正式参加朝廷的政务与仪式。贺茂光荣选定了七月二十二日为吉日，然而藤原道长认为七月三日是吉日。贺茂光荣辩称七月三日是"大祸日"应当回避，然而藤原道长指出二月丙午之日同样也是大祸日（二月的大祸日是午日），但其曾祖父贞信公藤原忠平在延喜八年（公元 908年）的这一天举办了晋升参议的着座仪式之后，多人将此作为嘉例效仿。另外，三月的丁未日也是大祸日，但这也是初任受领的下向吉日，因此并没有必要回避大祸日

（然而三月的未日并非大祸日，而是灭门日，藤原道长在此出现了错误）。

最后，根据藤原道长的考量，遵循藤原摄关家先祖藤原忠平的嘉例，于七月三日举办了两人的着阵仪式。大祸日、灭门日、狼藉日等原本是避忌佛事的日子，除此之外应该没有回避的必要。贺茂光荣想必也是因为这是摄关家的后继者的仪式而尤其慎重，但在此需要注意的是，贵族社会中还有与阴阳道的认识无关，由先例积累而成的与特定行事相关的吉日观念。

阴阳道典籍之一的《阴阳书》中有"世之所用，不可不用"（《小右记》宽仁四年十月二十二日）之语。字面上的意思就是需要遵循世间所有的规则，这也可以说是反映了当时贵族社会采用阴阳道相关禁忌的心理。吉凶观念正是在王朝贵族社会的保守主义氛围中，与凡事都重视先例、祈求万无一失的贵族阶层的心理同步发挥作用，从而逐渐扩大了影响。

三宝吉日成为凶日

进行着阵、着座仪式以及受领下向仪式的日子成为吉日，与此相反，也有由于凶例而将原本的吉日视为凶日的例子。

三宝吉日原本是适宜佛事的日子，关于三宝吉日有三种学说，分别可上溯到吉备真备、婆罗门僧正与春苑玉成三人。吉备真备于养老元年（公元 717 年）作为留学生被派往大唐，将为数众多的学术带回日本，关于他的事迹在此前已有介绍；婆罗门僧正则是在天平八年（公元 736 年）由唐渡海来到日本的印度僧侣，名为菩提，他最出名的事迹是担任了东大寺大佛开眼供养的导师一职。此外，春苑玉成是承和五年（公元 838 年）派遣的遣唐使，以阴阳请益生的身份携带着咨询阴阳寮相关事宜的任务渡海，归国后被任命为阴阳博士。历家在编纂具注历时，从三人的学说之中选择了吉备真备之说收录于具注历中，然而问题在于这三人所给出的三宝吉日在干支计算上并不一致。

长保三年（公元 1001 年）二月，贺茂光荣将仁王会的时间选定在了二月二十八日这一庚午之日，并向上提交了申请。所谓仁王会是由朝廷主办的以镇护国家为目的的法会。庚午是三宝吉日之一，但是藤原道长认为，根据婆罗门僧正之说，这一日"死子孙"，对一条天皇而言并不吉利，而据春苑玉成之说，这一天也有"大凶事"，因此他上奏天皇，将仁王会的时间改到了三月十日这一壬午之日。

此外，长元四年（公元 1031 年）九月二十五日的庚午日，藤原道长之女上东门院彰子前往石清水八幡宫，于当日及次日辛未日的清晨修行佛事。右大臣藤原实资听说此事，认为辛未是大祸日（九月的大祸日是未日），与前一天的庚午一样都是应当避忌的不快之日，他如此说道："古者庚午、大祸不殊忌，故保光卿庚午日供养松崎寺之后，子孙连连不到，概是庚午征欤。世之所云，非无其验，举世大忌避耳。"

中纳言源保光在松崎寺（圆明寺）举行供养，那是正历三年（公元 992 年）六月八日（庚午日），三年后的长德元年（公元 995 年）源保光去世，无子孙传世。藤原实资正是由此认为这与婆罗门僧正所说的庚午日"死子孙"相符，是应当避忌的凶日。此外，成书于院政期、解说日时吉凶的《阴阳略书》与成书于镰仓时代前期的承元四年（公元 1210 年）的《阴阳博士安倍孝重勘进记》中也收录此说，可知这在后世成为与日时有关的故实先例。

此外，《阴阳博士安倍孝重勘进记》中还提到，大祸日回避佛事起源于菅原道真的经历。他在贞观十七年（公元 875 年）十月十七日丙寅的大祸日（十月大祸日为寅日）举行吉祥院供养，之后于昌泰四年（延喜元年，公元 901 年）被冠以谋反之名左迁大宰府。此外，本来应是适合办佛事的三宝吉日中，仅有辛未日被视为不吉，这是由于宽治五年（公元 1091 年）十二月十七日（辛未日），大纳言藤原实季以主事公卿的身份，前往现场指挥白河上皇发愿的木津桥寺供养，七日后突然去世，由此人们在辛未日避忌佛事。

附言一句，《阴阳博士安倍孝重勘进记》是阴阳博士安倍孝重奉后鸟羽上皇之命，收集了大量与朝廷及天皇相关的营造、移居、神佛事、诸行事等相关的日时吉凶之说与先例而成的阴阳道勘文（就特定咨询在调查之后进行汇报的上奏文书），共计三部，收集了为数过千的先例，其中包含许多此前不为人所知的行事等，是重要的历史史料。

大将军神与方违

在举办年中行事与各种临时行事，以及贵族们的移居、营造、结婚、丧葬、受领的任国下向等私人性质的仪式之前，需要让阴阳师调查的不仅有日时的吉凶，还有方位的吉凶，这是惯例。考虑方位吉凶的时候首先需要考虑方角神，包括太白、天一、王相、大将军、土公等，还要考虑八卦法的忌方的祸害、游年、鬼吏、绝命等（表2–2）的影响。此外，从院政期开始，明经家清原氏开始提倡金神的禁忌，使得方位禁忌种类更多，方忌与方违也变得频繁起来。所谓方忌，指的是在出行时回避特定的方向，而方违则是为了避忌而前往别处。

方角神的禁忌内容、所在方位与相关时间多种多样，在此只简述其中的主要部分。大将军神寅、卯、辰年间在北方，巳、午、未年间在东方，申、酉、戌年间在南方，亥、子、丑年在西方，每隔三年移动方位。更为麻烦的是，大将军神在这期间还像表3-5中所示，以干支一循环六十天为单位移动，其具体的移动情况在具注历中都以红笔标注出来。由于大将军神所在方位的变化，有时需要回避营造与修理。

关于八卦法的忌方，在第二章中曾经进行过说明，这与个人的厄日（衰日）一样是根据个人的年龄决定的，凶方的游年、鬼吏、绝命、祸害的方位每年变换，共有南、西南、西、西北等八个位置，朝向凶方所在方位的犯土与营造也是需要回避的禁忌。此外，凶方之外也有养者、生气等吉方，院政期的贵族们开始在每年的年始参拜位于吉方的神社与寺院，这被称为惠方诣，也是初诣的由来。

王相神在春季的三个月位于东方，夏季的三个月位于南方，秋季的三个月位于西方，冬季的三个月位于北方，随季节变化巡回四方，以一年为单位循环。王相神所在的方位，需要回避修理、营造、起土、移徙、出行等活动。

像这些长时间内停留在某个方位上的方角神自然使得

工期较长的营造、起土、修理等工作不得不加以回避，而方违的方法根据不同的方角神也不一样。据《阴阳博士安倍孝重勘进记》等阴阳家的著作可知，在本人所属的房子（本宅）与他人所属的房子（旅所）之间方法也有区别。如果是大将军神的方违，居住于本宅之人需要在立春前夜举行，在最初的一气（四十五天）之间每天进行方违仪式，之后的每一气还需要进行一次方违；而居住于旅所之人则只需要在立春前夜的方违之后，每一气进行一次方违即可。为此，在禁忌意识日益增强的院政期，由于本宅的方违仪式太过麻烦，贵族间们开始投机取巧，通过互相借住彼此的房子以求简化方违的仪式。在贵族日记中频繁出现的"四十五日方违"指的就是这个需要每一气进行一次的方违仪式。

王相神的方违仪式在一气内有十五天，八卦的忌方则与本宅旅所之别无关，仅与现在的住所相关，一气内四十五天，与大将军神采用相同的方违方法。像这样遵守方角神的禁忌，由生活在现代的我们看来毫无疑问是迷信而且极其麻烦，即便在当时或许也只有生活条件优越的少数贵族阶层才能够长期维持，而反过来，有足够的财力维持相关仪式这件事情本身就成了他们身份地位的标志。

太阴太阳历（旧历）之中立春与正月一样被视为实

质上一年的开始，是受到重视的特殊日子，因此在方违上也有着特别的规定。大将军神与八卦法的诸神在立春改变方位，王相神则在立春、立夏、立秋、立冬分别改变所在方位，尤其是每三年一度的寅、巳、申、亥年的立春是三神同时变更方位之日，因此在前一天晚上的节分之日需要一起举办方违。《中右记》长承三年（公元 1134 年）正月三日条有如下记载：

> 今夜节分也。院（鸟羽上皇）为御方违渡御近江大津之边，乍立御车御，上达部被留，殿上人许扈从云云。女院（待贤门院）御出云路边云云。又乍立御车御云云。
>
> 大殿（藤原忠实）关白殿（藤原忠通）御方违云云。
>
> 三年大将军依可在北方，万人方违。

节分之夜，鸟羽上皇与待贤门院藤原璋子由于方违分别从御所前往近江大津与位于京都东北部的出云路，在车内过了一夜，此外还有以前摄政藤原忠实、现关白藤原忠通为首的"万人方违"。这是由于长承三年的干支是甲寅，从节分的次日开始大将军神就要移动到北方，人们为了回避方角神的影响而纷纷进行方违。

表 3－5　方角神所在方位（圈码数字为六十干支的序号）

大将军神游行方位： ①甲子至⑤戊辰的五日间出游卯方（东面），⑥己巳至⑫乙亥居于本所（当年大将军所在方位，下同）； ⑬丙子至⑰庚辰的五日间出游午方（南面），⑱辛巳至㉔丁亥居于本所； ㉕戊子至㉘壬辰的五日间入中宫，㉚癸巳至㊱己亥居于本所； ㊲庚子至㊶甲辰的五日间出游酉方（西面），㊷乙巳至㊽辛亥居于本所； ㊾壬子至53丙辰的五日间出游子方（北面），54丁巳至60癸亥居于本所
天一神方位： 52乙卯起五日间位于卯方（东），57庚申起六日间位于巽方（东南） ③丙寅起五日间位于午方（南），⑧辛未起六日间位于坤方（西南） ⑭丁丑起五日间位于酉方（西），⑲壬午起六日间位于乾方（西北） ㉕戊子起五日间位于子方（北），㉚癸巳起十六日间位于天上 ㊻己酉起六日间位于艮方（东北）
太白神方位： 一/十一/二十一日位于东，二/十二/二十二日位于东南，三/十三/二十三日位于南方； 四/十四/二十四日位于西南，五/十五/二十五日位于西，六/十六/二十六日位于西北； 七/十七/二十七日位于北，八/十八/二十八日位于东北，九/十九/二十九日位于中央； 十/二十/三十日位于天上

天一、太白的方忌

天一神读作“なかがみ”（nakagami）[①]，如表 3－5

① 又有人译作“中神”。

所示，以五至六天为单位在天上八方运转。《源氏物语·帚木卷》中也写道："听闻今宵由内里至此，恰为天一漫游之方。"天一神的所在方位在具注历中会有标注，而《御堂关白记》长和四年（公元 1015 年）九月二十六日条里有如下记载：

> 权大纳言（藤原赖通）云，来月三日中宫（藤原妍子）可参内给由，（安倍）吉平朝臣勘申。而见历从晦日天一在西，如何云。召吉平问之，无陈所。仍改勘十一月二十八日者。

藤原道长令藤原赖通让阴阳师安倍吉平卜定女儿藤原妍子参内的时间，吉平选定了十月三日为参内日。但是查阅具注历后发现，从九月晦日开始天一神就位于西方，安倍吉平对此无言以对，于是改定了参内日。这是由于从藤原道长的宅邸出发，内里正好位于西面，参内之路正是天一神所在的方位。

太白神以一日为单位在天上八方移动，因此也有别名为"ひとひめぐり"（hitohimeguri）①。与天一相同，太白的方位变动十分迅速，出行与住宿通常也要回避太白所在

---

① "ひとひ"是"一日"的意思，"めぐり"是"巡回"的意思。

的方位。《权记》长保元年（公元 999 年）七月二十五日条中提到，左大臣藤原道长因为方忌，无法参加天皇的御物忌而提早离开内里；《御堂关白记》长和元年（公元 1012 年）闰十月十五日条提到，藤原道长为了准备次日的行事原本应当夜宿内里，但是由于方忌提早归宅。内里位于藤原道长宅邸的西面，十五日与二十五日都是太白神位于西面之日，因此藤原道长才没有宿于内里而提早回家。同时，《御堂关白记》宽弘八年（公元 1011 年）十一月十一日条中提到"从内出，入夜又参。依有方忌"，换言之，前一日夜宿内里的藤原道长在这一天先是离开内里回到自宅，到了夜里又再度参内。一日、十一日、二十一日，太白神均位于东面，藤原道长由于这一方忌没能回家。

源平合战与日时、方位禁忌

阴阳五行说以及基于阴阳五行说的干支学说认为，时间是伴随着吉凶等种种性质不断循环变化的。六十干支循环一轮所需的年限叫作还历，在由历法所构筑的时间的循环中考量日时与方角的禁忌，对于平安贵族而言是保证生活安宁的重要知识。从现代来看，或许会认为这种禁忌只是流于安逸、不思进取的贵族们才有的恶习，过着刀头舔血的日子的武士们就不会有这种想法，但事实似乎并非如此。接下来让我们来看源平合战（又名治承寿永之乱）期间的事例。

治承四年（公元 1180 年）四月，督促诸国源氏起兵打倒平清盛的仁王令旨发布，以此为契机爆发了长达十年的治承寿永之乱。源赖朝于这一年八月起兵，平家在九月二十二日任命右近卫少将平维盛为追讨使，领兵从当时首都所在地福原出发平叛。他在九月二十三日抵达平氏在京都的根据地六波罗，之后连续六天都驻军在京都，浪费了时间。

关于他按兵不动的理由，中山忠亲的日记《山槐记》九月二十九日条里提到"传闻，上总守（上总介藤原）忠清于此都忌十死一生日。少将云，于今者途中仪，于旧都可忌日次。忠清云，六波罗者先祖旧宅也，争不被忌者"，可见当时发生了关于日次禁忌的争论。十死一生指的是历注中的"忌远行日"，也就是字面上的意思，这一天被认为远征不吉，应当加以回避。与主张应当立刻出兵的平维盛相对，上总介藤原忠清坚持认为从先祖代代流传下来的根据地六波罗出兵时，应当回避这一禁忌，结果使得军队长期逗留在京都。在这种情况下，士气低落的平家军队于次月的富士川之战中，将水鸟振羽之音误认为敌袭从而全军溃散，这是后来十分有名的事件。

次年的养和元年（公元 1181 年）闰二月，平清盛去世，由于发生了全国性饥馑，内乱也陷入胶着状态。京都内流传着源赖朝率领的东国叛军将要入京的流言，九条兼实的日记《玉叶》养和元年十一月十二日条中写道："传闻，依惮大将军方，年内关东之贼不可入洛。节分以后无左右可入洛云云。"也就是说，流言认为年内由于大将军神的凶方在西边，正合源赖朝的进军路线，因此不用担心他们入侵，但是当禁忌结束的立春前夜这一时间节点过去之后，想必他们马上就会侵入京都。这一年是辛丑年，大将军神位于西面，也就是京都相对于关东所在的方位，次年壬寅年大将军神将移动到北方，这一禁忌自然解除。但是需要纠正一点，这一年的立春在年内的十二月四日，这才是大将军神北移的正确时间。

此外，寿永二年（公元 1183 年）七月，平氏逃离京都，由北陆方面入京的木曾义仲奉后白河法皇的旨令出兵追讨平氏。之后的十一月一日，源义仲与源行家准备出兵征讨平氏时，由于这一天正巧是后白河法皇的御衰日而不得不延期。衰日在前文曾经提到过，指的是八卦法之一，是根据年龄算出的每个人的厄日。之后他们定于当月八日出发，这想必也是由于阴阳师选定吉日而导致的延误。提到木曾义仲，大家对他的主要印象想必都是其粗暴无礼的举动引发京内民众反感的故事，但是他一旦率领后白河法皇的军队开始行动后，也就不得不遵循王朝社会的各种规矩。

当面临种种困难与危险之时，人们才特别容易祈求神佛的加护；在赌上身家性命的战争中，通过精选日时与方位以求趋吉避凶，在道理上也与此相通。在第一章中曾经提到，阴阳五行说本身就以预见未来为目的，此外由中国古来有"兵阴阳"这一学术领域也可以知道，当时的兵法与占卜也不可完全分割。战国大名大量招募精通阴阳五行说与易学之人，任命他们为军司（军师），也是出于这一缘故。

第四章　阴阳道的咒术与祭祀

一　咒术与祭祀

阴阳师的咒术

阴阳师的咒术与祭祀活动从九世纪后半期的平安时代前期开始盛行，这可以说是阴阳道作为咒术宗教的核心职能，大致可分为祓、反闭、身固等咒术与以泰山府君祭为首的个别祭祀两大类。

所谓祓，一般来说容易被视为神道教固有的仪式，其实古代神祇官员参与的只有大祓与和朝廷、天皇、中宫及皇太子有关的神事，并不会出入贵族家庭为他们举行私人性质的祓。顺便说一句，神官开始为个人举办祈愿与祓，大致是平安时代末期到镰仓时代初期的事情。然而从宫廷开始形成并扩散的避忌污秽的观念，使得进入平安时代后，从贵族到一般庶民，都对祓的效力产生了期待，而正是阴阳师回应了这一需求。除此之外，阴阳师们所举办的不仅是祓除罪过与污秽这些在行神事与除服时所需的一般祓式，还会进行以祛病、安产、诅咒与反诅咒等为目的的积极性咒法，这是道教中名为解除的咒术的延伸，使用人形与刀剑以祛除物祟。

这种积极的祓法被称为河临祓，阴阳师在河边将雇主的衣服作为替身，披在人形或是船形、车形、马形上顺流漂下，以求转移灾祸（图4-1）。为了增强这一仪式的效果，在鸭川上按照二条、大炊御门、中御门、近卫御门、土御门、一条末、河合的顺序由南向北在七个河湾上举行仪式，这被称为七濑祓。七濑祓再扩大化，则有在京都周边择水边灵所，分别于耳敏河、松崎、石影、东鸣泷、西鸣泷、大井河的七处河湾举行的灵所七濑祓，据推定这是十一世纪中期后冷泉天皇在位期间开始形成的。

平亲信的日记《亲信卿记》天禄三年（公元972年）十二月十日条中有为圆融天皇举办河临祓的相关记载，提到为了祓除天皇身上的灾祸，准备了七种五寸大的人形和等身大的人形七枚，先进献给天皇，再返还给阴阳师，并带到位于河边的阴阳师文道光处进行处理；此外位于内里的作物所还准备了车与人形、绘所则画了牛马犬鸡等形象。

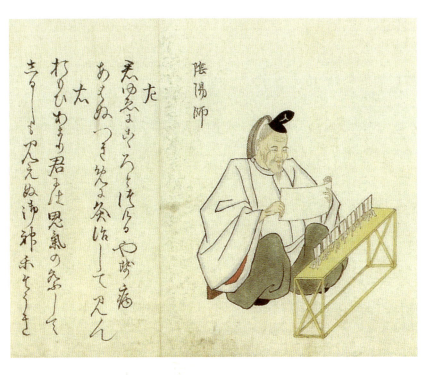

图 上 | 1 —《建保职人歌合》
中的阴阳师
资料来源 —『安倍晴明と陰陽道展』
图录。

图 下 | 2 — 室町时代天文图
资料来源 — 泷谷寺所藏，图片引用
自『道教の美術』图录。

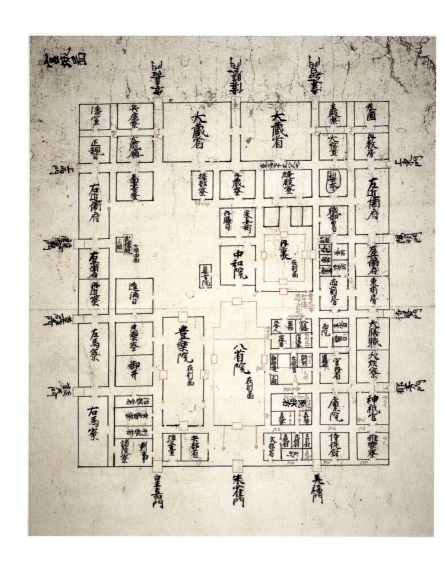

3 — 平安京宫城图

内里下方（南方）区域是阴阳寮所在之处。

资料来源 —— 阳明文库所藏，图片引用自『安倍晴明と陰陽道展』图录。

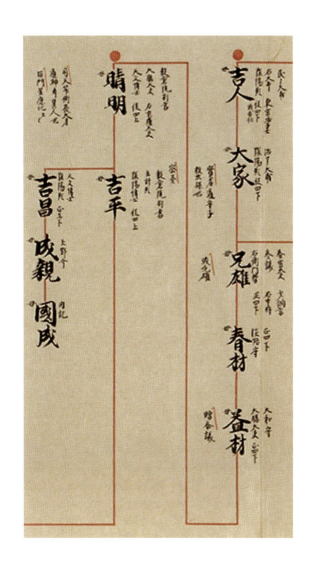

4 — 安倍世系图

资料来源 — 宫内厅书陵部所藏《医阴系图》，图片引用自『安倍晴明と陰陽道展』图录。

福之厚薄是其天地之象圖星曜之躔次而已

5 — 大将军神像
资料来源 — 图片引用自大将军八神社『大将军神像と社史』。

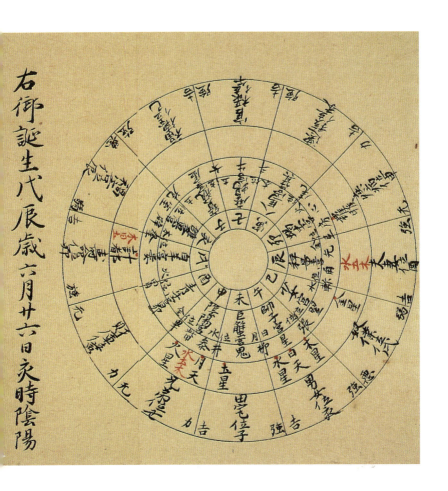

6 — 宿曜勘文，文永五年（公元 1268 年）宿曜师为某贵族占星时撰写的星盘
资料来源 — 六条家文书，图片引用自『別冊太陽』第 73 号。

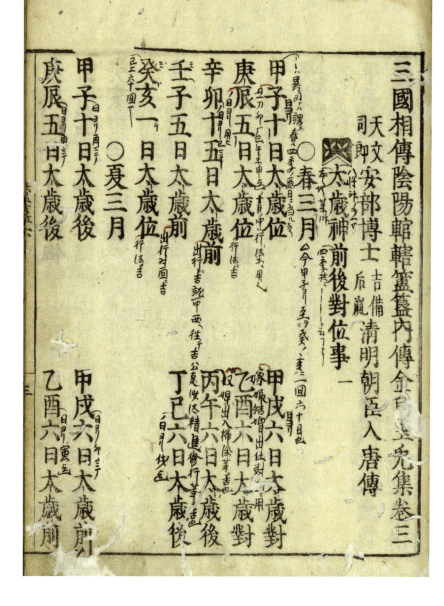

7 —《三国相传阴阳辖辖补簠簋内传金乌玉兔集》天和二年（公元 1682 年）版
该书是假托安倍清明之名所作的历占书。

资料来源 — 作者所藏。

彗星如上状所臨国甚盛为恶也

彗星入月中左富坐君有乱也百夊

彗星有月俘子欲欵父母

彗星北半中者宮中失火烧寶物也

此七星盡見者君死三後死續也

彗星如上著故胡入塜欵人民

彗星如上海中兵起敗叛

彗星入三合中者而失宮火也

8 — 彗星图与占卜文

资料来源 — 京都学历彩馆所藏若杉家文书『雑卦法』。

9 — 飞鸟的漏刻台复制品

资料来源 — 『飛鳥資料館図録』第 54 冊。

10 — 庆州的瞻星台

这是高约 9 米，底部直径约 5 米的石造建筑物，现存于韩国庆尚北道庆州市半月城。

资料来源 — 『飛鳥資料館図録』第 54 冊。

羆群行者有大水不□龍□□白澤□

過一年

有鉤□□居□□□

蝦蟆去之則巳

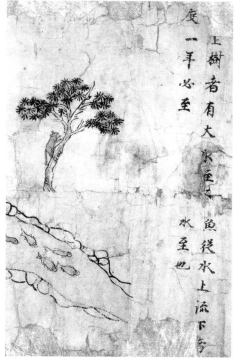

上樹者有大水至之

度一年必至

魚後水上流下□

水至也

11 — 敦煌文书《白泽精怪图》局部，
伯希和 2682 号

资料来源 — 『「若杉家文書」中国天文・
五行占資料の研究』。

资料来源 — 『「若杉家文書」中国天文・五行占資料の研究』。

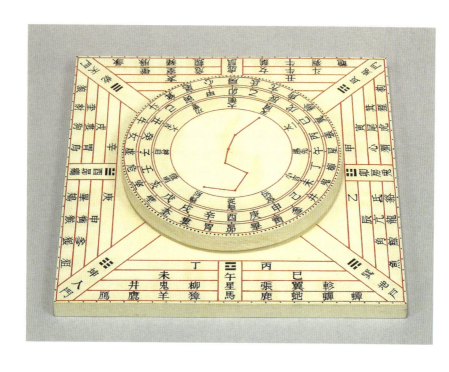

13 — 六壬式盘复原模型

六壬式盘是六壬式占中使用的占卜道具，式盘由上方的圆形天盘与下方的方形地盘构成，天盘可以旋转。天盘上标有北斗七星、十二月将、十干十二支、二十八宿等，地盘上则标有八干十二支、二十八宿、八卦八门等内容。日本现在没有传世之物，中国则有西汉与六朝时期的六壬式盘存留至今。这是一个木制模型，中国的六壬式盘中也有铜制与象牙制品。这一模型根据西汉时期的复原图复原，地盘上的三十六禽等内容则参照了六朝时期的要素。

资料来源 — 京都文化博物馆所藏，小坂真二指导制作，图片引用自『安倍晴明と陰陽道展』图录。

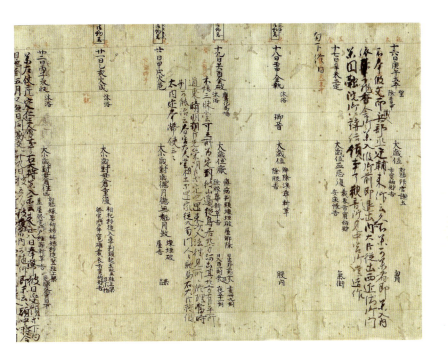

14 — 具注历

在历书的行间留有藤原道长的亲笔日记。最上部方框内的"御物忌"是藤原道长的家司所写，注明了当日是藤原道长的物忌日。

资料来源 — 阳明文库所藏藤原道长亲笔本《御堂关白记》宽弘元年二月，图片引用自『安倍晴明と陰陽道展』图录。

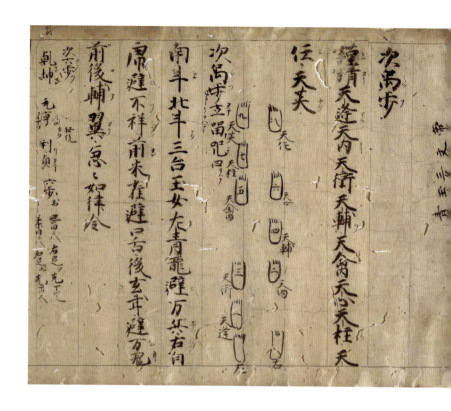

15 —《小反闭作法并护身法》

阴阳道的反闭分大、中、小三种，行大反闭时手持弓，中者手持太刀，小者手持笏。这本书记载了安倍氏的反闭作法流程，收录有劝请咒、天门咒、玉女咒、刀禁咒、禹步咒、六步咒等内容。

资料来源 — 京都学历彩馆所藏若杉家文书。

次刀禁呪 取刀頃

吾此天帝使者所使 執持金刀令試不祥

此刀非凡常之刀百練之鋼此刀一下何鬼

不走何病不愈千秋万祀皆伏死已

吾今刀下忌々如天帝太上老君律令

次四従五横呪弄甲

四従五横禺禺除道蚩尤避其鋒吾周

遍天下韓盧故鄉向吾者死留吾者去已

忌々如律令

四 五 六 七 八 九 勾陣

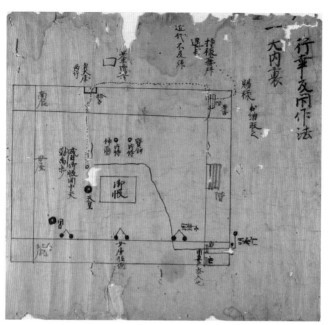

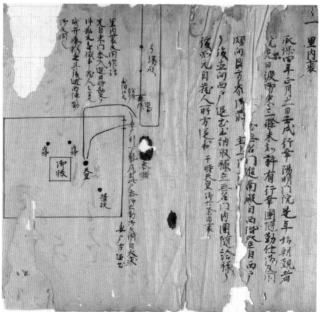

16 —《反闭作法并作法》

这张图标明了在内里进行反闭之时阴阳师的移动路线。

资料来源 — 京都学历彩馆所藏若杉家文书。

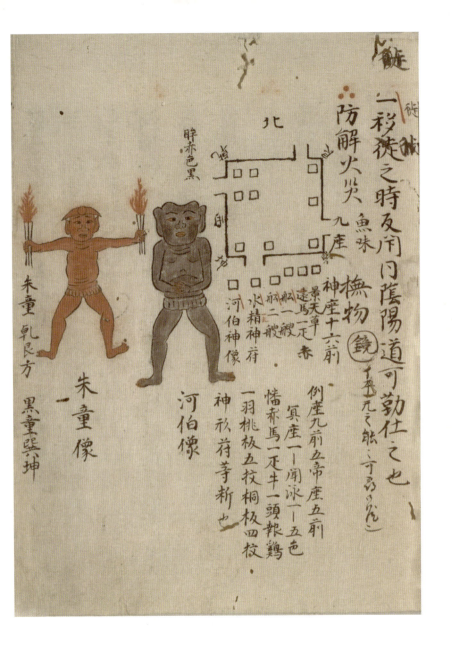

17 —《文肝抄》中的防解火灾祭与神像
防解火灾祭也被简称为火灾祭，新建住宅完工时与镇宅仪式一同举行，
以求预防火灾发生。
资料来源 — 京都学历彩馆所藏若杉家文书。

18 — 《不动利益缘起绘卷》中安倍晴明驱使式神进行祈祷的场面
这一画面作为描绘了阴阳道庭上祭祀的资料十分有名，由此可以知道阴阳道祭
祀时如何放置御币、供品与纸札等。
资料来源 — 东京国立博物馆所藏，图片引用自『安倍晴明と陰陽道展』图录。

19 — 《北野天神缘起绘卷》承久本模本
在《北野天神缘起绘卷》中描绘了六道轮回中人界的苦难，例如生产与死亡等。建筑物内是
生产中的孕妇，而以束带装束坐在庭院中的阴阳师，则在摆满御币的祭坛前诵读咒文举行被
除仪式。除此之外，图中还描绘了巫女、山伏以及鸣弦男子等人的姿态。
资料来源 — 北野天满宫所藏，图片引用自『安倍晴明と陰陽道展』图录。

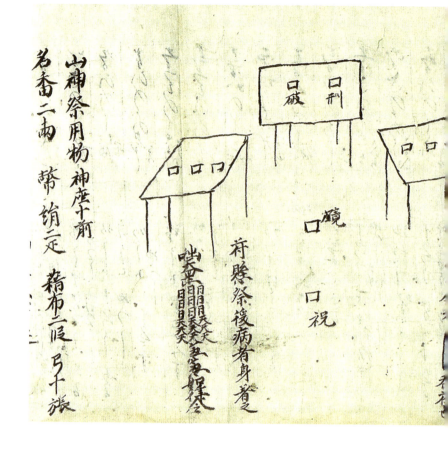

20 — 《阴阳道祭用物帐》中所载赤痢病祭的供品与祭祀场所

资料来源 — 宫内厅书陵部所藏，图片引用自『安倍晴明と陰陽道展』图录。

桃机五牧書之　一牧　橪下之　朱書之

崲鼠庄戸

赤痛祭用物　以厰為撰物巴

若香一兩　雜香一株　朱砂一兩

幣折詣五疋　藉折賚布疋　上紙七帖

時菓子七株　楜二口　杓三柄

蓬蒿八牧　棚三基一基長父高二尺等廣二尺

中取二胕　炭二龍　續松少把

淨衣三領　一領祝折　二領眞折　谷六文詣

堅臾三些　杞三連　干臾三株　粟飯　莊粥可文

21 — 《山王灵验记绘》中详细描绘阴阳道祈祷的画面

这一仪式在三个方向上安置桌子并在其上摆放御币，由此完成祭坛的布置。在祭坛前的台子上则放有八棱镜作为抚物，起到转移污秽的作用。图中三名束带装束的阴阳师正在礼拜，而狩衣装束的男性则在照料火堆。

资料来源 — 日枝神社所藏，图片引用自『安倍晴明と陰陽道展』图录。

22 —《春日权现验记绘》卷八中出现的头戴纸冠、手挂念珠、左手拄杖行走的老年法师阴阳师形象

资料来源 — 宫内厅三之丸尚藏馆藏《春日权现验记绘》，图片引用自『安倍晴明と陰陽道展』图录。

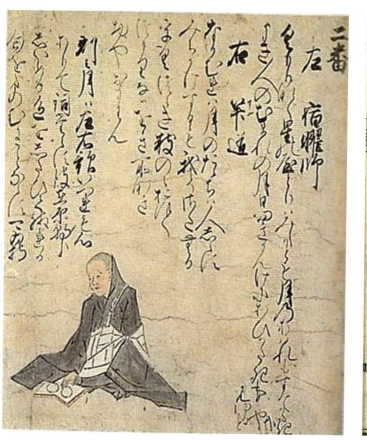

23 — 观察星盘的宿曜师

宿曜师指的是密教僧中学习宿曜道之人。

资料来源 — 《鹤冈放生会职人歌合绘卷》，图片引用自『别册太陽』第 73 号。

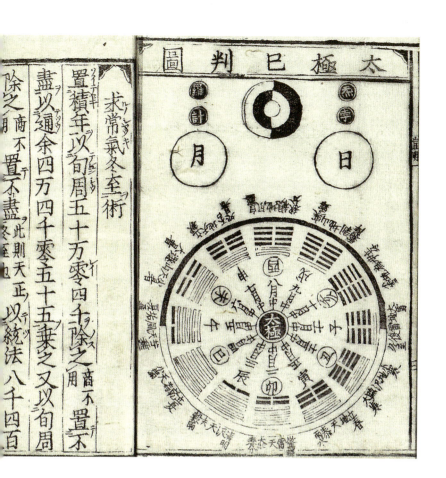

24 —《宣明历》宽永二十一年（公元 1644 年）版

资料来源 — 京都大学附属图书馆藏，图片引用自『安倍晴明と陰陽道展』图录。

资料来源 — 京都学历彩馆所藏若杉家文书。

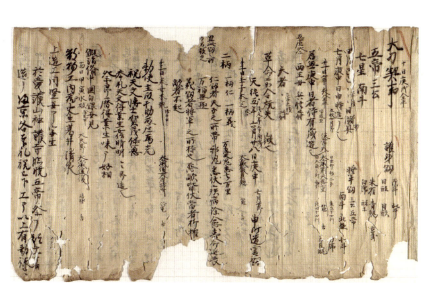

26 —《大刀契之事》

资料来源 — 京都学历彩馆所藏若杉家文书。

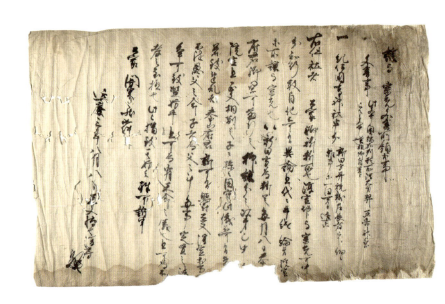

27 — 延庆三年安倍淳房让状

资料来源 — 京都学历彩馆所藏若杉家文书。

28 — 安倍晴明宅邸所在地，上长者町路（土御门路）与西洞院路的路口向东北方所见景观。

三國相傳簠簋盤金烏玉兎集ノ由來

先ッ此書者ハ佛曆經三千

六十卷ニ說キ給フ兩義有何二モ文ヲ殊ニ結集シ給ト

可得意者也

○天竺ヨリ大唐ヘ傳ヘ來ル意得ハ木唐雍洲城荊山ノ

麗ニ僧道上人ト云化來ノ人有彼ノ伯道ニ天地陰陽ノ

之ニ至リ理ヲ未知故是タ工夫セント思ヒ小舡ヲ用ヰ意有テ大

河ニ押下シ波濤ニ搖キ給所ニ或ハ時ニ童子了角ヲ學浮木

三ャ來リ給ヘ伯道ニ問ヘ給者和尚ハ何ノ方ヨリ來リ給フ哉ト

云伯道答フ云我天地ノ間ニ被レ孕生ヲ震檀國測島

後ニ童子小舡ニ乗リ舡ヲ拍テ曰ク小舡ニ棹サシ海上

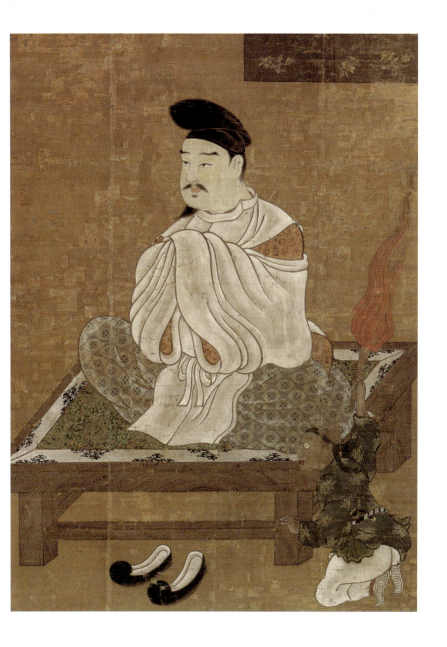

30 — 安倍晴明像

这是最古老的描绘了安倍晴明形象的肖像画，据推断是室町时代前期的作品。画中描绘了坐在卧榻上远望的安倍晴明与双膝跪地高举火把的式神，象征着阴阳师是属于黑暗的存在。

资料来源 — 阿倍王子神社所藏，图片引用自『道教の美術』图录。

31 — 《北斋漫画》中的晴明与道满

该画描绘了安倍清明（晴明）与芦屋道满斗法的场面。

资料来源 — 『北斋漫画』。

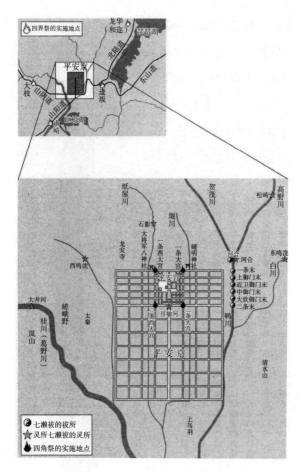

图 4–1　平安京的祓所：七濑祓、

四角四界祭祭祀场所

　　除河临祓之外，阴阳师还会在鸭川的七处河川举行七濑祓，在平安京周围的七个灵场举行灵所七濑祓，以及在平安宫四角和山城国的四境［逢坂、大枝、龙华（和迩）、山崎］举行四角四界祭，试图通过举行这些祭祀，守护天皇与京都免受灾厄之扰。

绘所所画的想必是绘马一类物品，这些与人形一样都是袚具，和从祭祀遗迹中不时出土的木制或土制车形、马形、犬形等物品具有同样的功用，是将天皇所背负的不祥与灾祸转加其上并放入河川送往异界的替身符（图4-2）。

其中需要注意的是，使用被称为"御等身"也就是等身大的人偶这一点。因为镰仓时代后期，贺茂氏的祭祀书《文肝抄》中也提到了河临祭、七濑袚所用的袚具中包括"人形、大奴佐、大人形、幡"等，这些袚具需要先经过雇主之手；室町时代安倍氏的《祭文部类·河临祭文》中也有"礼毕抚大人形与幡"念咒的记载，等身大人偶应该就是这里提到的大人形。此外，形成于室町时代的谣曲《铁轮》以被丈夫抛弃而化为恶鬼的女性为主

图4-2 平安时代的人形替身

资料来源：京都市考古资料馆藏，图片引用自『安倍晴明と陰陽道』图录。

题，其中在描述阴阳师清明（安倍晴明）通过祈祷化解鬼女怨恨的场面时，提到了"茅人形作人尺，内笼夫妇名字……碎肝胆祈祷"之语，用茅所作的"人尺"就是作为丈夫替身的等身大的人形。能够出现在这类艺能谣曲中，正说明大人形作为阴阳师祭祀道具广为人知的一面。

人形在《祭文部类》中被认为是"忽替御身，可除其祸厄厌咒等咎"之物，谣曲《铁轮》也提到了"方今无论使用何种手段，必将（以替身之术将灾祸转移）延长御命"，故而人形是能够转移灾厄并延长本人寿命的替身，而等身大的人形可以说是从视觉与情感上都在强调这正是本人的替身。

此外，《今昔物语集》卷十九第二十四话"替师入泰山府君祭都状僧之语"，是以描述阴阳师晴明的咒术能力而闻名的故事，其中提到了晴明通过举行泰山府君祭为死期将近的高僧延命，其手段则是将高僧的性命与年轻弟子的性命互换，后来弟子供奉的不动明王画像流下血泪成为他的替身救下他的性命，这个故事就是流传下来的"泣不动"传说。故事中的这位年轻弟子正是高僧的替身，但泰山府君祭并不是需要替身的祭祀。这一故事的深层含义里投射了人们对于阴阳道特有的使用等身大人形进行祓仪式的观感，以及认为阴阳师具有能够替换、控制寿命的技能的认知。

反闭与身固

村上天皇天德四年（公元 960 年）九月二十三日，内里发生火灾，天皇紧急迁居职御曹司，十一月四日则迁居到了临时御所冷泉院。据《日本纪略》记载，这时天文博士贺茂保宪进行了反闭，而阴阳头秦具瞻则负责院内镇法，这是阴阳师为天皇举办反闭的最初史料。

此后反闭仪式更为盛行，需要举办反闭的，除了天皇的行幸与院宫①的出行之外，贵族的迁居、受领的任国下向、派遣追讨使时，甚至是相扑与赛马等决出胜负之时，为了回避邪鬼、保护自身的安全，都要举办阴阳道的反闭之法。反闭有大、中、小三种，大与中的作法很早就废止不传，只有小反闭的详细作法由于若杉家文书《小反闭作法并护身法》的存在而流传下来（彩插 16 ~ 17）。

据此，阴阳师首先前往位于出发方向的门，向玉女禀告，观想五脏之气，劝请龙树菩萨与伏羲、玉女等神。接下来唱诵天门咒、地户咒、玉女咒、刀禁咒、四纵五横咒等咒法，按照名为禹步的特殊步法，在劝请遁甲九星（北斗七星及补星与弼星）的同时按照天罡（九星）之形

---

① 上皇、法皇、女院及三后（太皇太后、皇太后、皇后）、东宫的总称，又指其居所。

迈出九步，其后诵反闭咒。这时天皇与贵族等委托人需要跟在阴阳师身后一同行步。

禹步是中国从战国时代就开始存在的咒法，通过踩踏土面进行净化，这时被踩踏过的土被认为有祛病袚除的力量。此后，这一仪式被道教吸纳，在晋朝葛洪说神仙之法的《抱朴子》中也有提及，成为驱逐恶灵与退兵之法，在各种仪式中被广泛使用。

反闭还有一种略法，是为身固，从院政期开始作为护身法被使用。身固需要诵刀禁咒，结狮子印并画符等，并不需禹步。身固与反闭共通的刀禁咒是通过刀剑威吓驱退邪鬼的咒法，其文如下：

吾此天帝使者所使执持金刀，令灭不祥。此刀非凡常之刀，百炼之钢。此刀一下，何鬼不走，何病不愈，千殃万邪，皆伏死亡。吾今刀下，急急如天帝、太上老君、律令。

阴阳师口念以上咒文，通过刀剑的光辉，威吓目不可见的邪鬼。

这一刀禁咒，与奈良时代典药寮的咒禁博士、咒禁师所行的咒禁有相通之处。《令义解·医疾令》中就其职务写道："持禁者，持杖刀读咒文，作法禁气，为猛兽、虎狼、毒虫、精魅、贼盗、五兵，不被侵害。又以咒禁固身体，不伤汤火、刀刃，故曰持禁也。"由此可知，起源于道术的持禁、咒禁与刀禁咒有着共同的作法与功能。

如前所述，九世纪中期的文德天皇将名为壶切的太刀交给阴阳师，令他在神泉苑行厌法，这也是以天皇的疾病痊愈为目的而使用刀剑的咒禁之法。可以认为，从这时开始，阴阳寮官员就开始积极采用包括咒禁之法在内的道术，进入十世纪后则确立了包括一连串的咒文与禹步作法在内的反闭仪式。

阴阳道的祭祀

阴阳道的祭祀从九世纪后半期开始频繁举行：仁寿三年（公元853年）十二月，根据阴阳寮的上奏，开始每年按照《阴阳书》所载之法准备镇害气的仪式；天安二年（公元858年），根据《董仲舒祭法》开始高山祭，这是为了祈祷五谷丰登而祛除虫害的祭祀；贞观九年（公元867年）正月，由于出现了疫病流行的征兆，为了祓除疫气举办了鬼气祭；元庆年间则举办了祈愿年谷丰登的雷公祭。这一方面是藤原良房与藤原基经主导的朝廷的意图，另一方面也有滋岳川人等阴阳寮官员积极活动的缘故，因而从这一时期开始，被除灾害、祈求丰收的官方祭祀逐渐增加。与此同时，就像贞观六年阴阳师弓削是雄前往近江介藤原有荫家中为他举办属星祭一样,以贵族为对象的私人性质的活动也逐渐增多。由于本命祭留有仁和四年(公元888年)的祭文(《卅五文集》),可知这也是在此之前就已形成的祭祀。

成文于延长五年(公元927年)的《延喜式》在阴阳寮一项中,规定了需要为天皇每年举办六次御本命祭,此外还有三元祭、庭火及平野龙神祭等。根据《江谈抄》第一卷所载,祈雨的五龙祭也是滋岳川人开创的,但是其首次出现的确切史料则是《日本纪略》延喜二年(公元902年)六月十七日条,这一祭祀后来也频繁出现。延喜十五年六月,在京内神泉苑延请阿阇梨观贤行为期五天的请雨经法的同时,也令阴阳寮举行了五龙祭,这在此后成为惯例,每当出现旱灾就同时准备这两项仪式。此外,延喜九年十一月七日还举行了老人星祭。老人星也称南极老人星(Canopus),是位于南方地平线上的星,被视为长寿的象征。五龙祭在中国唐代是由负责祭祀的祠部①准备的仪式,同样,老人星祭在唐朝开元二十四年(公元736年)也有举行的记录。三元祭是在正月、七月与十月的十五日祭祀天地水,据唐朝法制书《大唐六典》,所有道观都要举办三元斋。本命祭也就是道教经典中多见的本命

① 礼部下属四部之一。

醮，可以知道这些祭祀都是受中国诸祭祀的影响而形成的。

除此之外，延喜十四年（公元 914 年）还举办了鬼气祭的扩大版本，也就是在宫城四隅与山城国国境的逢坂、龙华（和迩）、大枝、山崎四地进行防止疫鬼侵入的四角四界祭。天庆二年（公元 939 年）五月十六日则由阴阳权助文武兼在八省院举办了太一式祭，以求镇压东国的平将门叛乱。天德四年（公元 960 年）九月内里焚毁，村上天皇移居冷泉院，为了准备翌年回归新造内里，于十月举办了火灾祭。康保元年（公元 964 年）则由于当年的干支是甲子革命之年，为了回避这一灾年而举行了大岁祭与海若祭。

被动员的天皇与贵族

这些祭祀多数是朝廷为了回避各种灾害而下令举办的，到了十世纪之后，由于这一时代贵族的日记大量流传至今，一探贵族阶层的阴阳道信仰的实态成为可能。现存最早的日记是摄政藤原忠平的《贞信公记》，从延喜七年（公元 907 年）到天历二年（公元 948 年）期间的记事流传下来，这部分主要是他儿子藤原实赖抄录下来的片段。其中，每到藤原忠平的本命日庚子日时就要举办本命祭，相关记载共有八件；还有藤原忠平自身与朱雀天皇的属星祭、自身的七献上章祭（泰山府君祭）、四角祭、三元河临祓与解除等祭祀与祓的记载；除此之外，还有大量怪异占、物忌、方违等相关记载。由此可以想象阴阳师们频繁为藤原忠平提供服务的情形。

藤原忠平的曾孙——藤原道长的《御堂关白记》中也有相关记载，每到藤原道长的本命日丙寅日时就举办本命元辰祭或是本命祭，由贺茂光荣为他主持相关仪式。藤原道长在宽弘二年（公元 1005 年）二月十日移居新筑的东三条第，让安倍晴明举行了新宅作法（移徙法）。宽弘元年九月七日，藤原道长又在近江国辛崎举行了解除仪式，翌年十月二十九日则前往八岛，让贺茂光荣、惟宗正邦和秦文高等阴阳师为敦康亲王与自己及妻子源伦子举行了祓。

宽弘八年二月，由贺茂光荣、安倍吉昌、大中臣实光等阴阳师，按顺序在贺茂川、鸣泷、耳敏河、松崎、大井河、般若寺泷等地举行了灵所七濑祓；长和元年（公元 1012 年）三月十四日则有七位阴阳师在从二条末到川合之间的贺茂川各处举行了七濑祓。此外，长和五年也在三月一日的上巳之日与八月二十五日举行了七濑祓，宽仁元年（公元 1017 年）六月则由安倍吉平从一日到七日连续在贺茂川行祓式。除此之外，宽弘四年三月十六日，藤原道长在修理自宅南大门时，由于当日的具注历中有"伏龙在门"之语，因此让县泰平举行了解除仪式。正因为他大权在握，才能够动员大量顶级阴阳师为他进行各种祓与祭祀。

　　天皇的祭祀如前所述在《延喜式》中有规定，而宽弘七年（公元 1010 年）十月的《卫门府粮料下用注文》（九条家本《延喜式》卷三十"里文书"）则是能够反映平安中期实态的史料。这份文书是卫门府官员奉藏人之命向神社奉币，以及担任各种宫廷佛事、阴阳道祭祀的杂役时所消耗食料的记录，其中阴阳道祭祀有十月十六日与十八日的本命祭、十九日的月曜祭、二十三日与二十六日的泰山府君祭、二十五日的太白星祭与火灾祭，仅一个月内就举行了五种共计七次祭祀。同一时期的贵族日记等史料没有记载这些祭祀，可知这些阴阳道祭祀已经融入了天皇的日常生活和一般的宫廷事务之中，不被认为是需要专门记载的内容。表 4-1 中收录了阴阳道的主要祭祀及其祈愿内容。

表 4-1　阴阳道的主要祭祀及其祈愿内容

祭祀	祈愿内容
朝廷举办的祭祀	
高山祭	祈求祛除虫害、五谷丰登。在京都北郊船冈山与大和国吉野郡高山举办。
雷公祭	祈愿丰收，以及在有落雷时举办。于内里北方的北野举行。
五龙祭	祈雨。于神泉苑内与密教请雨经法一同举办。
四角四界祭	疫病流行时为防止疫鬼入侵而在内里四角与山城国国境（逢坂、龙华、大枝、山崎）举办。镰仓幕府也在镰仓近郊举办。

祭祀	祝愿内容
五帝祭	祈求实现御愿,以及在制造神器重宝时举行。
风伯祭	镇大风,避风害。镰仓幕府亦举行。
天地灾变祭	当有天地灾变与怪异、厄年时于大极殿实行。
天皇与贵族等举办的祭祀	
玄宫北极祭	祈求祛除天地灾变与疾病,以及实现诸愿。仅天皇、上皇可举行。
三万六千神祭	祈求祛除天地灾变,天下太平。
泰山府君祭	祈求延命息灾的代表性祭祀。
天曹地府祭	祈求延命息灾。
鬼气祭	生病时为防止疫鬼侵入而在门前实施。
土公祭	犯土、营造时镇谢土地神。
防解火灾祭	营造御所、宅邸时为防火而举行。
代厄祭	为回避疾病与厄年而举行。
招魂祭	除病息灾,以及当出现魂魄时举行。
诅咒祭	回避诅咒,祈求息灾、除病、安产等。
百怪祭	为祛除各种怪异而举办。
本命祭	于与生年干支相同之日(本命日)进行,祈求延命招福。
属星祭	根据生年干支选定北斗七星之一为本命属星,祈求延命招福。
九曜祭	根据个人年龄,每年九曜之一为当年属星,除祈求息灾之外,当出现与九曜相关的变异与日月食之时举行。
恶梦祭	解除恶梦。
大将军祭	解除迁居等时触大将军方位的问题。
大岁八神祭	营造、迁居等时举行。
灵气道断祭	当占卜疾病原因为灵气作祟时,于嵯峨六道等地举行的祛除作祟的祭祀。

二　阴阳道的宗教性

阴阳道祭祀的特征

平安时代前期开始的阴阳道祭祀，随着时代的发展变得愈发多样化，到了镰仓时代已经确定有六十种以上。接下来就针对能够明确其出典与仪式过程的祭祀，根据其性质进行分类。

九世纪后半期到十世纪出现的高山祭、鬼气祭、四角四界祭、火灾祭、代厄祭等初期的阴阳道祭祀，是以《董仲舒祭法》或"董仲舒说"为依据的祭祀，可知初期的咒术与祭祀活动的主要根据是冠董仲舒之名的祭祀书。如前所述，董仲舒是西汉时代的著名儒学家，《董仲舒祭法》等书想必是后代人假托他之名所作。在这些祭祀中，火灾祭的仪式程序非常明确。

火灾祭的正式名称是防解火灾祭，是新造内里与御所时的镇宅仪礼，此外在某些特别需要防止火灾的时候也会举办这一仪式。祭祀的具体过程从镰仓时代贺茂氏的祭祀记录《文肝抄》中可见一斑，书中载有象征这一祭祀的水神河伯与火神朱童的神像，这也值得关注（彩插17）。

据《文肝抄》所载，祭祀在北方的壬方或癸方举行。

首先在寝殿四周安置河伯神像，在各建筑物的丙方钉上水
精符纸。接下来要在寝殿上方的壬、丙两方安置两艘仿制
船。这些物品都需要面向南方安置并避火，可知这是基于
五行之说经过施咒的物品。此后阴阳师通过祭文劝请东南
西北中五方的防解火灾神、河伯神、朱童神，祭文中提到
"河伯神水精也。朱童神火也。云水克火，则水胜火"
（《祭文部类》），有着明显的五行相胜说的痕迹。可以说，
这反映了明显的初期董仲舒系阴阳道祭祀的特征。

　　表4－2是从各种祭祀需要诵读的祭文中，根据劝请
神明的不同而进行的分类。除火灾祭之外，还有土公祭、
百怪异祭及诅咒祭等也是劝请五方诸神的祭祀，主要目的
是回避各种各样的灾祸。因此这些祭祀可以被定义为
"基于五行理论的攘灾型祭祀"。

表4－2　阴阳道诸祭祀（根据祭祀对象分类）

祭祀	对象
A：道教神系	天官（天曹）、地官（地府）、司命、司禄、河伯水官及星神等天地自然现象神格化的道教系神，以及泰山府君等冥官。祈愿个人现世利益型。
泰山府君祭	阎罗天子、五道大神、泰山府君、天官、地官、水官、司命、司禄、本命神、开路将军、土地灵祇、家亲丈人
天曹地府祭	天曹、地府、水官、北帝大王、五道大王、太山府君、司命、司禄、六曹判官、南斗好星、北斗七星、家亲丈人
本命祭	天曹、地府、司命、司禄、河伯水官、掌籍、掌算

祭祀	对象
招魂祭	皇灵、后土、司命、司禄、掌籍、掌算、东王父、西王母
河临祭	天地灵神、司命、司禄、河伯父君、名山大川诸神祇
B:道教星神系	祭祀星神。AB两系均在道教与密教经典的影响下形成。祈愿个人现世利益型。
玄宫北极祭	北极玄宫无上无极大帝天皇
属星祭	北斗七星魁项罡府君第一贪狼星、第二巨门星、第三禄存星、第四文曲星、第五廉贞星、第六武曲星、第七破军星
太阴祭	太阴之精、奎、娄、胃、昴、毕、觜、参各星
岁星祭	岁星之精、亢、角、氐、房、心、尾、箕各星
C:五行家系	祭祀东南西北中五方神，例如防解火灾祭的五方防解火灾神、土公祭的五方土公神等。疑似以《董仲舒祭书》等为依据。基于五行理论的攘灾型。
防解火灾祭	东、南、西、北、中防解火灾神、河伯、朱童
土公祭	东方青帝、南方赤帝、西方白帝、北方黑帝、中央黄帝土公神、五土将军、五土诸神、土姥、土家子孙、土府官属
百怪异祭	东方箱甲乙、南方箱丙丁、西方箱庚辛、北方箱壬癸、中央箱戊己、百怪诸灵
诅咒祭	东、南、西、北、中、四季、天上、地上主诅咒君、执法、收法、门法、推法、除法、散法、灭法八部将军、田地贵人
荒神祭	东、南、西、北、中、上、下、四维大小荒神、多婆天王、那行都佐神、天潜尾命(后略)
灵气道断祭	东、南、西、北、中、四角、四维道断神(后略)
地镇祭	五方五龙王，中、青、赤、东、南、西、北、白、黑、黄各帝、土公将军(后略)

祭祀道教诸神

使得阴阳道祭祀与众不同的另一大要素，毫无疑问是道教的影响。在八世纪后半期的中国，出现了密教与本土道教信仰的融合，大量道密杂糅的杂密①经典涌现，例如导入对道教的司命神北极星、北斗七星及冥官神泰山府君信仰的经典等，这些经典多数都与密教经典一起由九世纪的入唐僧带回了日本。

之所以密教的星宿法与阴阳道的星祭会有很多共通要素，是由于双方使用的是同样的典籍，其中最值得注目的经典则是假托盛唐密教大家僧一行所著的《梵天火罗九曜》（《梵天火罗图》）。这是记述了支配个人吉凶的九曜与北斗七星等图像与真言的经典，其中收录了"葛仙公礼北斗法"，讲述了供养北斗七星与本命元神的效验及其具体仪式。这里提到的葛仙公是吴国道士葛玄，道密的混杂由此也可见一斑。

阴阳师从九世纪后半期开始举行属星祭与本命祭；进入十世纪后，密教也开始频繁进行尊星王法、北斗法、本命元神供等星宿法。镰仓时代的台密修法书《阿娑缚抄》

---

① 即杂部密教，是密教最早的雏形，指密宗两部根本经典《大日经》与《金刚顶经》未结集流传前，由释迦牟尼佛显说于佛教经典各部中的密法及陀罗尼密咒等。

中将《梵天火罗图》中的"葛仙公礼北斗法"作为北斗法的依据；而阴阳师贺茂保宪也在应和元年（公元961年）与密教僧法藏的论证中，基于《梵天火罗图》所引用的"葛仙公礼北斗法"等指出"真言师修（本命）元神供，阴阳家行本命祭，并用此说，流传于世，行来久矣"（《白宝口抄》）。因此可以说，密教的北斗法与本命元神供也好，阴阳道的本命祭也好，都是依据道教系经典而来的。

从阴阳道祭祀中的神格来看这一问题的话，据表4－2可知，例如祈愿息灾、延命等内容的泰山府君祭中，共需祭祀阎罗天子、五道大神、泰山府君、天官、地官、水官、司命、司禄、本命神、开路将军、土地灵祇、家亲丈人共十二位神明，而院政期开始逐渐流行起来的天曹地府祭，与泰山府君祭有着同样的性质，只不过将天官、地官之名改为天曹、地府，并将若干神明改为星神而已，同样祭祀的是十二位神明。

而祈愿招福的本命祭，祭祀的是天曹、地府、司命、司禄、河伯水官、掌籍、掌算诸神；祈愿除病息灾的招魂祭，祭祀的则是皇灵、后土、司命、司禄、掌籍、掌算、东王父、西王母诸神明。这些祭祀仪式的特征是，都要祭拜为数众多的道教神明，包括天官（天曹）、地官（地府）、司命、司禄、河伯水官与星神等天地自然现象神格化的各路神明，以及泰山府君等冥界之神等。与星祭一样，这些祭祀也是在道教与密教经典的影响之下形成的，因此可以将这些祭祀道教诸神的祭祀称为"祈愿个人现世利益型祭祀"。

阴阳道的祭祀中包括了以祛除灾害为目的的攘灾型祭祀和为个人延命招福的祈愿型祭祀，因此可以说，阴阳道祭祀形成初期以来的基本形态就是道教系与五行家系。

祭祀场所在哪里

接受祭拜之神明的特性也反映在祭祀的形态上。阴阳道的祭祀由阴阳师外出举办，因此没有寺院中安置佛像的金堂与本堂或是神社中供奉御神体的神殿与本殿等特定的宗教建筑。

本来阴阳师是官员而阴阳寮是其所属部门，由平安宫城图可知阴阳寮位于内里的南侧，其西侧是中务省，南部则是太政官厅（图2-1），可见阴阳寮处于官衙区域的中心位置。根据江户时代后期的有职故实学者里松固禅整理的《大内里图考证》索引"南都所传图"的记载，阴阳寮的面积是二十六丈四方，换算后约6207平方米，也就是约 1800 坪①，其中除了厅舍、杂舍之外还有报时用的钟楼等设施。

关于这个钟楼，《枕草子》第一百六十一段中提到，长德元年（公元 995 年）一条天皇的中宫藤原定子于六月晦日前往太政官朝所时，有年轻的女官被从附近的阴阳寮传来的钟声吸引，爬上了阴阳寮的高楼。在《小右记》七月五日条里也提到了这件事情："中宫女官昨日登阴阳寮楼。"

在大治二年（公元 1127 年）二月，阴阳寮、勘解由使厅、宫内省等建筑遭遇火灾，阴阳寮的钟楼也被烧毁。这时虽然运出了楼内配备的浑天图与漏刻等物，但以前的器物多有烧毁，尤其是桓武天皇迁都时所造大钟，历经三百三十七年都未曾受损，此时烧毁，令众人哀叹不已（《中右记》）。浑天图是以北极星为中心的全天星图，又或者是也称为浑天象的天球仪，可以猜测烧毁的器物中也包含了天体观测仪器——浑天仪。若是如此，钟楼或许也兼备了天文台的作用。此外，《增镜》中提到阴阳寮的守护神的神社被大风吹倒，可知阴阳寮内似乎也有小神社，但是除此以外不见其他记载，其祭祀的或许是地主神？无论如何，从上述记载可知，阴阳寮只是部门而非祭祀

---

① 日本传统计量体系尺贯法中的面积单位，1 坪≈3.3 平方米。

场所。

　　将话题回到祭祀场所上，需要前往雇主处进行的反闭与身固无需多言，祓与祭祀也多是由阴阳师出发前往河边或是贵族宅邸的庭中进行的。根据祭祀种类的不同，祭祀场所也不一样。为天皇举办的祭祀多在大内里的八省院中进行；为贵族举办的祭祀则在其宅邸的庭中；雷公祭需要在祭祀雷神的灵所，也就是北野社的右近马场进行；五龙祭则要在被视为龙神居所的水边灵所——神泉苑中进行。

　　为了防止疫神侵入的鬼气祭需要在国界线上进行，朝廷公开正式的祭祀需要在内里南门（建礼门）前进行，而为贵族举办的鬼气祭则在其宅邸门前进行。将这一祭祀在空间层面上扩大的四角四界祭则在宫城四隅与山城国国境一起举办，这一点前文有述。祓与反弹诅咒的诅咒祭需要在河边进行，阴阳师搭设棚子与祭坛，准备贡品与御币，请求神明降临。换言之，阴阳道祭祀的特色是都在屋外进行。

　　这一点也体现在《不动利益缘起绘卷》中描绘的安倍晴明举行祭祀的场景，以及《北野天神缘起绘卷》与《山王灵验记绘》等绘卷中描绘的阴阳师进行祓与祭祀的场景中（彩插 18～19、21）。此外，根据这些绘画资料，阴阳师是穿着束带衣冠前往祭祀场合的，束带衣冠是官员的正装，这正说明了阴阳师既是宗教家也是世俗的官员。

此前提到了阴阳道祭祀的特征之一是劝请东、南、西、北、中的五行之神，以及被道教神格化的天神、地神、水神、星神、山岳神（泰山府君）等自然神，而祭祀在屋外进行这一点也说明，阴阳师认为这些神明并非镇座在本堂等地，而是应阴阳师的召请，穿越时空降临到祭祀场所的。

黑暗支配祭祀

神明的特性还与举办祭祀的时间有关，阴阳道的祭祀绝大多数都是在夜间进行的。

据镰仓时代的《文肝抄》记载，玄宫北极祭、三万六千神祭、天地灾变祭是"御精进三日，斋笼第三日晓祭之"。此外，属星祭则是"斋笼三日，每夜祭之"，雷公祭是"于北野社右近马场勤仕。斋笼第三日夕祭之"，五龙祭是"为祈雨于神泉苑祭之。斋笼三日，每夜祭之"，风伯祭也是"同三夜斋笼也"。镰仓幕府于宽喜三年（公元 1231 年）首次举办了风伯祭，《吾妻镜》六月十五条有"戌刻（晚上八时许），于由比浦鸟居前行风伯祭。前大膳亮泰贞朝臣奉仕之"之语，可知这些祭祀都是在傍晚、夜、未明等时举行，这些都是黑暗支配的时间。

根据记录，除此之外的祭祀基本是在夜里举行，具体到时刻则是戌时（晚上八时前后）居多。接下来就各个祭祀分别举例。

泰山府君祭

（1）戌刻，以奉平宿祢修泰山府君祭。余出祭场从礼。〔《小右记》宽弘二年（公元1005年）二月十八日条〕

（2）今夜，以吉平朝臣令行泰山府君祭。余出祭场从莫礼。此间小雨，以人令指笠，致拜礼。予戏云称雨衣，被大褂于吉平朝臣。〔《小右记》长和二年（公元1013年）二月二十五日条〕

（3）今夜，自大宫御方为余有泰山府君祭。余自内退出后沐浴，祭始程着衣冠下庭，两段再拜，取笏候。祭了间，自祭所人来云："祭已了。"余闻之昇（升）了。身祈尤如此可有也。故御堂（藤原道长）御时，如此祭时必有御拜，晴明勤仕星祭时星下也，仍给御衣云。文殿记书也。〔《殿历》长治元年（公元1104年）十二月十六日条〕

（4）今明两夜，于泰亲私宅修泰山府君祭。余不临之。〔《台记》久寿二年（公元1155年）五月十四日条〕

（5）以泰亲行泰山府君祭。因有所思，向灵所祭庭。及深更归了。〔《山槐记》久寿三年（保元元年，公元1156年）二月十二日条〕

（1）与（2）是藤原实资的例子，以自宅的庭院为祭祀场所。（2）中提到即便当夜下雨，藤原实资仍然让随从撑伞，自己礼拜泰山府君；就像他自嘲雨衣一样，想必是淋得很惨，全文渗透出对难得的泰山府君祭却不能在星空下进行的遗憾。（3）则是藤原忠实的例子，他在此后一年成为关白。祭祀在别的地方进行，应当是阴阳师安倍泰长的家中，在祭祀过程中藤原忠实也亲自下庭拜祭泰山府君，并直到使者报告仪式完毕为止一直守在庭内。忠实提到，先祖藤原道长在祭祀时也一定亲自拜祭，安倍晴明负责星祭之时，藤原道长一直伺候在旁，这是摄关家的先例。（4）与（5）则是在安倍泰亲（泰长之子）的私宅内为藤原赖长、藤原忠亲等人举办祭祀的例子。他的宅邸被视为"灵所祭庭"，这与安倍晴明的传说有关，关于这点在之后还会提到。前往祭祀场所的藤原忠亲直到深夜才回家。

鬼气祭

（6）今晚，小儿从义理宅还小野宫。今夜，晴明朝臣为□（缺字）行鬼气祭。〔《小右记》永延二

年（公元 988 年）七月四日条〕

　　（7）今夜，公家于五处行鬼气祭。罗城门、京极四角云云。阴阳头文高朝臣所申行云云。〔《小右记》长元三年（公元 1030 年）六月九日条〕

（6）是藤原实资因为儿子生病而请安倍晴明举行鬼气祭的记录；（7）则是当年春天以来疫病流行，因此在阴阳头惟宗文高的申请下，在平安京正门与四角举行鬼气祭，以求防止疫鬼入侵。

招魂祭

　　（8）小儿所恼极重……今夜以奉平令行招魂祭。〔《小右记》正历元年（公元 990 年）七月七日条〕

　　（9）招魂御祭，自今夜三箇夜可令奉仕之由，仰资成了。〔《春记》长历四年（公元 1040 年）九月十二日条〕

古人认为灵魂脱离身体游离是致病的原因之一，为此举行招魂祭以求除病息灾。（8）是藤原实资的孩子生病，为此让阴阳师县奉平为他举行招魂祭。（9）中的《春记》是藤原实资之孙、后朱雀天皇的藏人头藤原资房的日记。长历四年（长久元年）旱灾严重，疫病流行，七月则有大风吹倒了伊势丰受大神宫的正殿与大内里八省院等，九月九日菊花节会之日京极内里着火，烧毁了神镜。日来身体欠佳的天皇受到的打击很大，为求息灾，天皇举行了为期三日的招魂祭。

土公祭

（10）今夜，以陈泰朝臣令祭土公。〔《小右记》正历元年（公元990年）十二月十四日条〕

（11）今夜建礼门院御祈土公御祭，大辅殿参六波罗殿令勤给毕。息灾御祈也。〔《养和二年记》养和二年（公元1182年）正月十二日条〕

土公祭是镇地神的祭祀，主要在占卜得知生病原因为土公作祟之时，或是动土建筑时举办。（10）与继上一个月藤原实资的小野宫第之后进行的东家寝殿建造工程有关。（11）的出处《养和二年记》被视为镰仓时代前期的阴阳头安倍泰忠的日记，大辅殿是安倍泰忠的父亲——时任大藏大辅的阴阳师安倍泰茂，这是为安德天皇之母建礼门院平德子息灾而举行的土公祭。

代厄祭

（12）今夜，行代厄祭。孝秀于南庭祭之。〔《小右

记》长元四年（公元 1031 年）八月七日条〕

代厄祭也以除病、息灾为目的，藤原实资令阴阳助巨势孝秀在自宅南庭举办这一仪式。

地震祭

（13）今日戌时许行地震祭。于三条亭有此事。阴阳师家荣。从今日余精进，但服鱼。笼祭也。〔《殿历》永久二年（公元 1114 年）七月四日条〕

《殿历》是关白藤原忠实的日记，这一年的六月七日与十九日，京都连续发生了大地震。忠实作为关白，为求被除地震的灾害而在三条第精修，令阴阳师贺茂家荣举行地震祭。

辰星祭

（14）自明晓三个日被行辰星御祭，须夜阴被行也。而御精进三个日不豫之间有其烦，仍每晚被行之。且是阴阳师保荣所定申也。〔《兵范记》长承元年（公元 1132 年）九月十九日条〕

《兵范记》是兵部卿平信范的日记，辰星也就是水星。这一年中宫藤原圣子十二岁，水星是她的当年属星

（属曜），主掌她当年的吉凶。这时藤原圣子正在病中，这一仪式应是为了祈祷她的病体痊愈而举办的。日记中还提到，由于阴阳师贺茂保荣的申请，这一星祭原本应在半夜进行，但是由于中宫生病而改到了黎明日出前举办。

月曜祭

（15）自去夜，若宫聊御恼。仍戌刻，于御所南庭行月曜祭。大夫泰贞奉仕之。〔《吾妻镜》贞应元年（公元 1223 年）三月八日条〕

若宫指的是镰仓幕府第三代将军源实朝死后，由京都迎接来的继任者九条三寅（赖经），（15）是为了祈祷他的病体康复而举行的月曜祭。赖经这一年五岁，当年属星是日曜，之所以举行月曜祭，想来是因为得知三月十五日要出现月全食吧。

诅咒祭

（16）今夕行咒诅御祭。长有盛相具御衣向河原。中御门末。祭物别纳所出之。〔《兵范记》长承元年（公元 1132 年）十二月十五日条〕

（17）今日酉时许，贺茂中殿相知给女房咒诅御祭于川合濑令勤行毕。〔《养和二年记》养和二年

（公元1182年）正月二十九日条〕

诅咒祭是为了祈祷息灾、除病且被除他人诅咒之气的仪式，与河临被一样要将邪气转移到人形上并将其冲走，因此这一仪式在河边举办。

百怪祭

（18）酉刻，近日前浜、腰越等浦死鸭寄来之间，依彼怪，于前浜令行七座百怪祭。（《吾妻镜》贞应元年四月二十六日条）

百怪祭是当怪异盛行时被除怪异的祭祀，这里举出的是镰仓幕府的例子。

天曹地府祭

（19）今夜，仁和寺中纳言法桥女子不例祈天曹地府祭，于里亭勤给了。（《养和二年记》养和二年三月十六日条）

天曹地府祭与泰山府君祭一样是祈祷延命息灾的祭祀，从院政期开始出现。（19）为阴阳师安倍泰忠在私宅（里第）中举行这一仪式。

发现阴阳道

镇宅诸祭祀

（20）阴阳头贺茂在宪朝臣勤仕高仓殿镇祭事
等。兼日召支度下行用度，每事巨多，色目在别纸。
晚，头在宪参入。先是令人夫掘穿大镇穴，在宪殊检
知其穴，四方中央，其外大门（西二，东一，北
一），中门三所（东西北各中央），又寝殿南阶际中
央……

先七十二星镇。灯明供七十二灯，其外供祭物
等，每物严重，祭礼如常欤。件镇封柜中，置寝殿天
井上。

次西岳真人镇，有封物，纳瓶欤。同置寝殿天井
中央上。

次大镇，中央以下，每穿穴埋五色玉等瓶。

次大将军祭，奉悬形像一铺（一幅图绘），有御
镜，安机置前。

次王相祭，引立黄牛一头（召坂户牧），有御
镜，如大将军祭。

次土公祭，其仪如常，已上南庭。皆调备祭之。

次火灾祭，引立赤马（召楠叶牧），于北面修
之。打插简如例。

次井灵祭，有鸡（政所储之）。〔《兵范记》保元

三年（公元 1158 年）八月二日条〕

　　平信范是关白藤原忠通的家司，他记录了这一天夜里由阴阳头贺茂在宪为藤原忠通新造的高仓殿举办的各种镇宅祭祀。在寝殿的天井上安置镇宅用的七十二星镇、西岳真人镇，在宅地的四角与中央等地则埋置镇地的供物，行大镇之法。接下来，为了回避方角神与地神的灾厄，举行了大将军祭、王相祭与土公祭，以及为了回避火灾的火灾祭和祭祀井中神灵的井灵祭，这才结束了镇宅的一系列仪式。

　　这些仪式中，诅咒祭在傍晚举行是因为祭祀场所在河边，在深夜举行祭祀会很危险；除此之外，一般的阴阳道祭祀仪式基本都是在入夜之后天亮之前举行的。日出之后的白昼是人类活动的时间段，而泰山府君等冥界之神，北极星与属星（北斗七星）、属曜（九曜）等星的司命神，火神，以及能够往返此世与彼世的鬼神与灵体等，都是在夜里即黑暗的世界之中活动才能发挥其威力，因此祭祀他们的最佳时间应当是在星空之下的夜里。细看此前举出的绘卷中的祭祀场面也能发现（彩插 18～19，21），阴阳师身侧都有火堆，暗示着这是夜里的仪式。由此也能看出，阴阳道与天明之后前往本堂面向佛像诵经的佛教又或是在神殿拜神的神道教之间的差异。

阴阳道的宗教特质

通过祭祀的内容、场所与时间可见，阴阳道所具有的宗教性特质。阴阳道向道教系神格化的自然神等神灵祈祷福德延命，以及通过被与反闭的机能以求防止与击退鬼怪精灵的作祟。除此之外，考虑阴阳道的宗教特质时重要的一点是对死后问题的认识，即是否存在他界观。这是因为没有哪个宗教能不考虑这个问题，通过回答死后会怎样这个既不可知又最受关心的问题，才能让人们加深对这一宗教的信仰。与佛教一起传入的六道轮回的想法以及由极乐净土和地狱构成的世界观对日本人的生死观造成了多么重大的影响，这一点想来不需多加解释。

那么，回到阴阳道是如何解释这一问题的。阴阳道可以说并不具有独特的来世观，也没有对死后世界的展望，这也体现为阴阳道不具备死者的镇魂与追善，以及对特定怨灵的镇祭机能。阴阳寮与阴阳师确实参与葬送仪式，官方阴阳师的职务里除了占卜之外还有相地这一项，这是在修建都城与山陵时判断所选土地吉凶的技能。延历元年（公元782年）八月，以治部卿壹志浓王与阴阳头纪本为首，加上六位以下解阴阳之术的人才，共计十三人的团队被派往大和国，选择适宜的山陵之地改葬光仁天皇（《续日本纪》）；此外，天安二年（公元850年）九月，大纳言安倍安仁则率领阴阳权助滋岳川人与阴阳助笠名高等人前往山城国葛野郡，选定文德天皇的山陵之地（《文德天皇实录》《日本三代实录》）。这时阴阳师滋岳川人误触地神之怒，被地神袭击但最终得以逃命的故事被收录在了《今昔物语集》里。

接下来，让我们通过平安中期服务于摄关家的公卿左大弁源经赖的日记《左经记》的记载，具体看一下在驾崩于长元九年（公元 1036 年）的后一条天皇的葬礼中，阴阳师扮演了怎样的角色。

长元九年四月十七日，后一条天皇于内里驾崩。十九日召开了以关白藤原赖通为中心的会议，二十一日召来阴阳助安倍时亲（安倍晴明之孙）咨询转移天皇遗骸的场所与送葬的时间与方位等问题，最终决定于五月十九日举行葬礼。安倍时亲于次日正式参与葬礼，受命紧急提交勘文，并将遗骸移到了上东门院的东厢房。五月十三日，于关白家举行会议，商定了葬礼的方位与场所，并派遣安倍时亲与检非违使去视察候选地点。

时亲在巡检之后做出了回答，提出应当于神乐冈东面设置了山作所（火葬场所），并将遗骨安置在近处的净土寺中。送葬前一日，时亲提交了山作所的地镇祭文，并在送葬当天（十九日）的寅刻（一日之始，凌晨四点前后）于山作所进行了镇法。到了当天晚上，破坏上东门院东面的墙壁，将载有遗体的御舆运出，经由检非违使等人临时修建的道路与桥前往山作所，接下来由御导师大僧正庆命等人负责火葬。其间僧正寻光、权少僧都延寻等高僧负责念佛，火葬结束后遗骨被交给净土寺。如此葬礼告一段落，在一个月后安倍时亲还受后一条天皇之母、上东门院藤原彰子之命，勘申了在天皇墓所建立三昧堂的日时。

从安倍时亲之例可知，在葬礼中阴阳师负责了从遗骸安置场所的选择到整个葬礼的日时、方位、场所的吉凶判断等工作，此外还要负责山作所与葬地等地的镇祭。然而，这些行为并不是为死者服务的，例如日程选择，就像现在仍然出于避免"影响友人"的原因而让葬礼回避六曜中的友引之日一样，阴阳师的行为考虑的是参与葬礼之人的吉凶，镇祭也是为了平复土地神之怒的仪式，而不是以为死者镇魂与追福为目的的。后者是僧侣的职能，阴阳师在葬礼中的一系列活动说到底仍然是基于令生者一方能够回避灾厄的立场而展开的。

死者之灵与阴阳师

然而，提到死者之灵，还涉及物气的问题。将疫病、火灾与旱灾等社会性灾异的原因归结于死于非命之人的灵魂作祟，这就是所谓的怨灵思想，也称为御灵信仰。怀有怨念的特定之人的死灵或生灵凭依在与其相关之人身上，使其生病以至于死亡，这就是所谓的物气。在平安时代中期的贵族社会里，围绕着天皇外戚的地位，藤原氏内部展开了露骨的争夺，时常有传言称在斗争中败北之人的物气引发了问题。现在由于小说与漫画的影响，阴阳师安倍晴明与怨灵及物气对抗的形象深入人心，但事实上像安倍晴明这样的官方阴阳师并没有这种职能。那么，实际上阴阳师是否要面对死者之灵的问题呢？

如前所述，当时将生病的原因视为种种神灵的作祟。阴阳师通过病气占断定作祟的灵气与邪灵（两者皆是物气）之后，负责调伏的是密教验者的加持，阴阳师并不参与。这是因为时人认为，只有经过了严格的山林修行获得了密教的法理与验力的验者，才能击退直到死后仍凭依于对手身上、执着于现世遗愿的物气与怨灵。这也与佛教有着包括现世与死后世界的庞大说明体系有关。

此前曾经提到过，万寿二年（公元 1025 年）八月五日，藤原道长之女、东宫妃藤原嬉子去世之时，阴阳师中原恒盛曾受命登上上东门院东厢房的屋顶行唤魂之法，这是试图通过叫回灵魂实现死者复活的仪式，与儒家经典《礼记》《仪礼》中所见的“复”的作法是一致的。然而据《左经记》八月二十三日条所载，后来听说了这件事情的阴阳寮的上司们对中原恒盛进行了处罚，认为这是阴阳道的本条（依据的经典）中所没有的举动。

由此可知，阴阳师的职务行为以典籍为依据，《礼记》《仪礼》等儒家（明经道）典籍并不被视为阴阳道可以依据的文本。同时，中原恒亲被处罚的另一个原因，正是因为阴阳道并不参与与死者相关的祭祀。

然而，也并不是说阴阳师完全就与死灵无关。从院政期开始的灵气道断祭是在嵯峨六道相交的路口举行的祈求除病息灾的仪式，六道交汇之处是前往坟地的路口，在当时也被视为前往冥界的入口，这一仪式的目的似乎是防止不特定的死者之灵作祟。除此之外，阴阳道虽然是官僚机构的延伸，但对于并不拘泥于这些规定的民间阴阳师来说，这一分界线就更加模糊不清。

《今昔物语集》卷二十四第二十话"人妻化为恶灵，阴阳师除其害之语"的故事中，男子担心被他抛弃的妻子的死灵作祟，而请阴阳师诵读咒文，并按照阴阳师的教导，一整晚都骑在妻子的尸体上压制其活动，最终从恶灵作祟中解放了出来。由这个故事可以知道，当时的人们认为阴阳师是不惧死灵之人。

除此之外，关于在院政期开始被奉为阴阳道之祖的吉备真备，也有他从圣武天皇之妾的灵鬼手下逃得性命，又或是不被藤原广嗣的恶灵所杀而成功说服并镇压它的故事（卷十一第六话"玄昉僧正渡唐传法相之语"、卷十四第四话"女依法花之力转蛇身生天之语"）。此外，室町时代的谣曲《铁轮》是与安倍晴明有关的著名故事，其中描写了他被除被丈夫抛弃的女鬼之怨念的场景。然而在这个故事里，其实是因为安倍晴明设置的祭坛上供奉的御币里有三十番神镇座，女鬼感到畏惧才退散的。

通常认为，这些击退恶灵与死灵的故事反映了民众需要什么样的宗教人士。实际上，室町时代名为"唱门师"（声闻师）的民间宗教者兼具了阴阳师的职能，据说他们经常也以召唤"梓巫女""步巫女"等死灵为业。到了江户时代，土御门家得到幕府的认可，试图将全国的民间宗教人士纳入编制，禁止属下的阴阳师行祛除附身之物与召唤死灵等法，认为这不在阴阳道的职能范围之内。这一方面是因为土御门家奉行天社神道（土御门神道），另一方面也与阴阳师不参与死者祭祀活动的阴阳道传统认知分不开。

那么，为何阴阳师不参与特定死者灵的祭祀呢？这是因为阴阳道是以现世利益为目的的宗教，不具备对死后世界与来世的认知。怨灵与物气是基于对敌人的怨念和对现世的执着而产生的，阴阳师虽然能够暂时驱退灵鬼，却不能像主张基于无常观的领悟或是即身成佛的显密佛教一样，解决如何解脱这一精神层面的问题。

平安中期之后，由于净土教的渗透，贵族们在临近生命的最后时刻都会选择出家，贺茂氏与安倍氏等多数阴阳师也是如此，还有为了来生而修建佛堂之人。对于他们来说，阴阳道虽然可以是现世的职业与信仰，却不是能够保证来世的宗教。

三 阴阳师与诅咒

阴阳师与诅咒

行文至此，我们概观了平安时代阴阳道成立、阴阳师保护贵族与官员免受神灵作祟之苦并指导他们实施禁忌等，以及阴阳道作为社会广泛需求、不可或缺的职务逐渐稳定下来的过程。

阴阳师的职务在一般人看来，或是通过操作式盘上的神明，或是通过占卜以求未来吉凶，或是驱鬼，或是向种种神灵祈求愿望，这都是常人所没有的能力，一方面值得敬畏，另一方面也显得阴森恐怖。此外，阴阳师拥有咒术能力，为雇主施行祓与祭祀，但是当出现纷争时，阴阳师同样可能出现在敌人阵营内，可以说阴阳师是有着善恶两性、不能轻视的存在。

而这正是阴阳师作为施术者、咒术师的本质特征，因此，古代律令国家才一方面将其作为重要的统治手段加以重用，另一方面又以种种法条对其加以限制，以免他们被敌对势力利用。然而进入平安时代后，相关限制放宽，阴阳道形成，阴阳师以个人名义进行的咒术祭祀活动增多，这时的贵族社会中出现了大量阴阳师参与其中的事件。

成书于平安时代末期的史书《扶桑略记》永观二年（公元 984 年）六月二十九日条记载，因为左大臣藤原时平的谗言而被左迁大宰府并变成了怨灵神的菅原道真，托梦给祢宜①藤原长子并宣称：

> ……昔依谗言放我之日，大臣（藤原）时平卿、（源）光卿、纳言（藤原）定国卿、（藤原）菅根朝臣，伪称直宣，召阴阳寮官人，充给种种珍宝，令咒诅我并子孙永绝不可相续之由。神祭多送日月，皇城八方占山野，厌术埋置杂宝。然而我不可绝之术随分相构，被指姓名之人，皆以短命，又次次孙孙不高官位，家贫才乏，是依厌术也。朝家之政，岂可然乎？

据说，在流放菅原道真之日，藤原时平等人伪造敕命召集阴阳寮官员，诅咒菅原道真断子绝孙，为此阴阳寮官员在平安京四面八方的山野上埋藏了种种厌法所需的杂宝。然而菅原道真也施行了相应的防御之术，解除了子孙

---

①　神社内神职的总称，古时位于神主之下祝之上的位置，在现在的神职体制中位于官司、权宫司之下。

发现阴阳道

断绝的危机，更使得藤原时平等人短命而亡，其子孙后代也衰落了下去。这一传说同样收录于《北野天神缘起绘卷》，这是描绘了菅原道真一生与北野天满宫创建由来的绘卷。这一传说固然并非真实发生过的史实，却也能够由此看出，官方阴阳师的能力很容易被当权者滥用。

此外，在此前也已经多次引用的藤原实资的日记《小右记》中，正历四年（公元 993 年）闰十月十四日条里出现了如下所述的延历寺观修僧都的故事。

> 近来，僧都在为怀孕的东宫更衣（藤原济时之女藤原娍子，后来成为三条天皇的皇后）施法时，忽然出现了猛灵如此说道：
>
> "我乃九条丞相（藤原师辅）灵，存生之时，或寄佛事，或付外术，恳切致子孙繁盛之思，其愿成就。就中小野宫太相国（藤原实赖，藤原师辅之兄）子族可灭亡之愿，彼时极深，施阴阳术欲断其子孙，所期先六十年，其验已新。今依灭他之思，受苦极重，拔苦无期。小野宫相国子孙产时，吾必向其所妨此事，依存生心愿，先所期六十年，其遗不几，彼时外术今二年许也，其后可难回此妨术。又此更衣已有怀妊气，仍所来烦也。为断他同胤云云。"

藤原实资是小野宫太相国藤原实赖之孙，也是其继承人。右大臣藤原师辅是藤原实资的叔祖父，也是其对手藤原道长的祖父。如前所述，藤原师辅是《九条御遗诫》的作者。藤原实资所属的小野宫一支原本是摄关家的嫡系，但是由于他们家的女性未能诞下皇子，所以没能成为天皇家的外戚；而藤原实赖的弟弟藤原师辅一系的女性诞下了多位皇子，使得九条一支成为天皇家的外戚，掌握了大权。正因为有这一背景，怨灵的话语中出现的凭借"外术""阴阳术"断绝小野宫一支的宣言才显得特别真实。东宫更衣藤原娍子是藤原师辅之弟、太政大臣藤原师尹的儿子藤原济时的女儿，她有了怀孕的迹象，因此虽然是同族，但是藤原师辅的怨灵出现并妨碍其繁盛，这对于藤原实资来说也是可以理解的。听说了这件事情的藤原实资在日记里如此写道："今闻此事，觉往古事，虽云骨肉，可有用心^①欤。"

此外，《今昔物语集》卷二十四第十八话"以阴阳术杀人之语"（同见于《宇治拾遗物语》卷十第九话"小槻当平之事"）里，提到了年轻有才的算先生（先生是得业生的唐名）小据茂助被嫉妒他的同僚雇用"隐阴阳师"动用咒法杀害；《宇治拾遗物语》卷二第八话的"晴明封

---

①　意为防御、防备。

藏人少将之事"，则是藏人少将受到连襟的嫉妒，连襟雇用阴阳师试图谋害他，而安倍晴明为他行身固法护他平安的故事。这些故事可以说是体现了阴阳师及其所使用的阴阳术所具有的负面影响与阴森可怖之处的典型。

民间阴阳师

《枕草子》《紫式部集》《今昔物语集》等古典文学作品之中能够看到各种各样的民间阴阳师在都城与地方的活动。民间阴阳师辈出的原因，有阴阳寮出身的官方阴阳师人数有限的缘故，也因为禁忌观念不再局限于贵族官员之内，而是广泛渗透到了都市与地方的民众之间，因而以祓等为代表的阴阳道祭祀仪式的需求逐渐扩大。

清少纳言是一条天皇的皇后藤原定子的女官，她留下的随笔《枕草子》第一百零九段里提到的丑陋之物里有"法师阴阳师戴纸冠行祓法"这一条。阴阳师的正式服装是束带衣冠，因此剃发穿僧袍的僧侣戴上纸冠后就变身成了阴阳师。同样的事情在侍奉中宫藤原彰子的紫式部的歌集《紫式部集》里也有提及。

　　弥生のついたち、河原に出でたるに、かたわらなる車に、法師の紙を冠にて博士だちたるを、憎みて
　　祓戸の、神のかざりの、みてぐらに、うたても

まがう、耳はさみかな

　　上述和歌的大意是：紫式部在三月上巳祓时前往贺茂
的河原时，看到旁边车上所载之人请戴着纸冠的法师阴阳
师行祓事，于是嘲讽原本是光头的和尚努力装出阴阳师的
样子，戏称他们不要弄混了献给神明的御币和他们耳朵上
插着的纸冠（彩插 22）。

　　民间阴阳师中的多数似乎都是僧侣，这些宫廷女官已
经能够时不时地见到民间阴阳师，可见他们已经普遍存
在。《今昔物语集》卷二十四第十六话 "安倍晴明随忠行
习道之语" 里提到了贺茂忠行前往安倍晴明之家考察晴
明的能力；同卷第十九话 "播磨国阴阳师智德法师之语"
中也提到了以 "阴阳之术" 捕捉海盗的播磨国阴阳师智
德法师的故事；卷十九第三话 "内记庆滋保胤出家之语"
则是为了宣扬佛法而前往播磨国的内记上人寂心，发现戴
着纸冠在河原行祓事的法师阴阳师而指责他作为僧侣却做
出了破戒行为的故事。

　　这位寂心上人俗名庆滋保胤，是著名的儒学者与汉诗
文大家。另外，他也非常信仰净土教，于康保元年（公
元 964 年）开创了劝学会，召集大学寮学生与延历寺的
僧侣一起讲经、念佛、作诗，以求彼此的极乐往生。此外
他还是《日本往生极乐记》与《池亭记》的作者，前者

发现阴阳道

是收集了日本实现了极乐往生之人的传记，后者则是记录了当时平安京景观的随笔。此外，他的父亲是阴阳师贺茂忠行，著名的贺茂保宪是他的兄长，因为他并没有进入阴阳道而是进入了纪传道，所以避贺茂之姓而改为了同义的庆滋一姓，说话故事中他会指责法师阴阳师的破戒行为，这一点很有意思。

《今昔物语集》卷二十六第二十一话"修行者到人家为女主行袚而死之语"里，年轻的修行僧宣称自己通晓"阴阳方"，也能够举办祭祀，颇为灵验，只要由他举办祭祀则自然病体痊愈、财源广进、不受神灵作祟、夫妇和睦、万事顺心如意，结果他却以祈祷为名将猎人的妻子骗入山内试图侵犯，最终被回来的丈夫杀死。由这个故事可以看出，阴阳道祭祀的普及正是以在民间活动的僧侣等人为媒介，以回应庶民的现世利益需求为主要手段的。

左大臣藤原赖长在康治元年（公元 1142 年）五月四日跟随鸟羽法皇行幸南都，正要向氏社春日大社奉币之时，忽然想到他忘了应当在宇治举办的袚，因此急忙在奈良寻找僧侣阴阳师补办这一仪式（《台记》）。由此可见，袚被认为是阴阳师的职务，从此后的镰仓时代开始，南都与地方的大神社中开始配置专门负责袚事的阴阳师。

围绕藤原道长的诅咒事件

　　平安时代中期，成为天皇外戚的藤原氏就任摄政、关白之职，掌握政治权力，而围绕这一地位，藤原氏内部也有众多对立关系。尤其是藤原道长，他连续将女儿送入宫内，立为各任天皇的皇后，登上了权力与荣华的巅峰，有着众多的敌对者，在掌握权力的各个重要节点上都遇到了各种诅咒事件。民间阴阳师不一定是僧侣，他们不像官方阴阳师一样有着特定的职业规范或是与贵族社会有着种种身份联系，因此就像在说话故事里出现的安倍晴明的对手——法师阴阳师道满一样，有很多参与诅咒事件的人。接下来就来看一些例子。

　　藤原道长在担任关白的藤原道隆与藤原道兼两兄长相继病逝之后，获得姐姐东三条院藤原诠子的帮助，击败了藤原道隆的长子、内大臣藤原伊周，于长德元年（公元995 年）五月成为内览，六月则从权大纳言升任右大臣，巩固了权力。在接下来的八月十日，有流言称藤原伊周的外祖父高阶成忠家里藏有诅咒了藤原道长的"阴阳师法师"，认为这一诅咒的始作俑者是藤原伊周（《百炼抄》）。次年三月，在东三条院寝殿的木板下发现了厌物，这是一次对藤原诠子的诅咒事件，也被看作是在继承人争夺中败北的内大臣藤原伊周所为，因而藤原伊周在四月被左迁为大宰权帅。据《小记目录》所载，十二月二十五日还发生了一次"诅咒左府（藤原道长）法师之事"，可知藤原道长在后来还被某僧侣诅咒过。

长保元年（公元 999 年），藤原道长为了进一步巩固权势，在藤原伊周之妹藤原定子已经是一条天皇中宫的情况下，将女儿藤原彰子嫁给了天皇，更在次年二月强硬地将她立为皇后，开创了一帝二后的先例。此后藤原道长突然生病，《小记目录》里提到五月八日出现了疾病是"式神所致"的传闻。所谓式神，是阴阳师能够自由操纵的鬼神或是精灵一类，因此可知时人认为藤原道长的疾病是阴阳师施术所致。九日，在藤原道长的宅邸中发现了厌物，十一日则抓捕了名为安正的诅咒嫌疑人进行拷问，安正究竟是不是民间阴阳师这一点并不清楚。进入六月，传来了他在狱中死亡的消息，这想必是严厉拷问的结果。

宽弘五年（公元 1008 年）九月，藤原彰子诞下了一条天皇的第二亲王敦成，这是藤原道长梦寐以求之事，也确立了他作为外戚的地位。接下来，在宽弘六年的正月三十日，发现了诅咒中宫藤原彰子与敦成亲王的厌物，这一诅咒也影响到了左大臣藤原道长。二月四日，执行者法师圆能被捕；五日，共犯"阴阳法师"源念（出自《日本纪略》。如后所述，源念在《政事要略》中作源心）被抓并接受调查，高阶光子与民部大辅源方理等人被定为主谋。

此后，三条天皇于宽弘八年六月即位，八月藤原道长的女儿妍子与娀子成为女御。此前提到过，在三条天皇还是皇太子的时候，九条师辅的怨灵为了妨碍藤原娀子的生产而出现。次年的长和元年（公元 1012 年）二月十四日，藤原妍子被立为中宫，四月七日娀子也被立为皇后，藤原道长对此感到不满，因此在立后仪式当天让中宫入内，并要求多名贵族陪同，试图妨碍立后仪式的进行。在这一错综复杂的背景下，又发生了新的诅咒事件。

四月十一日，在中宫御在所的东三条院的水井中，发现了几块饼与人的头发，藤原道长令贺茂光荣与安倍吉平就此进行占卜，他们得出的结果是"颇见咒诅之气"（《小右记》）。六月，藤原道长收到了匿名信，被告知民部大辅藤原为任令五名阴阳师诅咒他，和泉国的琦保方宿祢是这件事情的知情者。被指为主谋的藤原为任是藤原娀子之兄，听说了这件事情的藤原实资在日记里留下了这样的感叹："相府（藤原道长）一生间，如此之事不可断绝，坐事之者已为例事，悲叹而已。"

道满的登场

在室町时代成书的历注吉凶之书《簠簋内传》、江户时代的净琉璃《芦屋道满大内鉴》等作品中作为安倍晴明对手出现的道满，是历史上实际存在的人物。平安中期

发现阴阳道

惟宗允亮编纂的政治、法制故实书《政事要略》卷七十"纠弹杂事"中，留存有针对宽弘六年二月的中宫彰子、敦成亲王、左大臣道长诅咒事件由明法博士撰写的"罪名勘文"，其中引用了相关人士的勘问日记（审讯记录），这里出现了道满的名字。因此，接下来将审讯记录的内容分条列举如下。被询问的是执行诅咒的圆能以及其弟子妙延和童子物部系丸。

A（圆能勘问日记）

（1）问圆能云：作厌式奉咒诅中宫、若宫并左大臣之由，依实勘申，如何。

圆能申云：依伊豫守公行朝臣妻（高二位女，中关白家宣旨也）语奉咒诅之由，昨日被勘问之次，依实弁申先了。

（2）复问云：奉咒诅之趣，依实弁申，如何。

圆能申云：彼趣者，中宫、若宫并左大臣，御座之给间，帅殿（伊周）无德尔御座之给布。世间尔此三个所不可御坐之由，可奉厌魅之趣也。

（3）复问云：此事相语之人，宣旨只一人欤？重弁申，如何。

圆能申云：先者，民部大辅源朝臣方理相语，去年十二月中旬比也。宣旨者同月下旬许语之。厌符者二枚也。一枚者度宣旨。一枚者为度方理朝臣，持向彼宅，而方理朝臣他行，妻依具知其事预之，禄者红花染裓一领令得之。宣旨禄者给绢一匹也。

（4）复问云：圆能外，相知此事之阴阳师几。又有验之寺社及可然之所所尔成此厌法乎？重弁申，如何。

圆能申云：寺社所所尔更不成件事。但侍宣旨宅藤原吉道，案内者也。彼宅出纳春正者为使虽来圆能许，案内者不知也。元来僧道满，年来召仕彼宅之阴阳师者，春正申，厌符之事者相语也。

（5）复问云：方理朝臣、宣旨同相语件事。彼二人共相议件事令为欤。又僧源心与圆能与常相语件事之由，圆能弟子妙延所指申也。又前越后守源朝臣为文亲昵召仕圆能之间，有其缘受方理朝臣夫妻之语也，昨弁申。若为文亦知此事欤。——愊弁申，如何。

圆能申云：方理宣旨住所各异者，所所尔受此语。令为相议件厌符事乎。不知。亦圆能互不令知。又源心者本自不隔杂事之间，虽有亲昵之语非知此厌符之事。又为文朝臣者虽语杂事，件厌符事者不示。圆能依罢通彼宅，方理朝臣者招取相语此厌符之事也。

栲毕。

B（妙延勘问日记）

（6）问妙延云：师僧圆能依方理朝臣夫妻并宣旨等语，奉咒诅中宫、若宫并左大臣之由，及厌符等乎埋置所所，弁申，如何。

妙延申云：师弟子间尔，不知何事。去年冬令童子物部系丸持来绢一匹者见之。又圆能、源心相语事者见之。不知何事。

栲毕。

C（系丸勘问日记）

（7）问系丸云：师僧圆能作厌符天奉咒诅中宫、若宫并左大臣之由，汝为彼童子可知件事。依实弁申，如何。

系丸申云：厌符事者又不知。给申被禄。从宣旨宅绢一匹者持来。又红花染衣女乃持来见之。不知何所之物。但去年十二月之间也。

栲毕。

从这份审讯记录中能读出很多信息。首先，从（4）中可以确认圆能也被视为阴阳师，事情发生于高阶光子与源方理夫妻分别向法师阴阳师圆能委托诅咒之事。藤原道隆一脉被称为中关白家，高阶氏是他们的外戚，高阶光子的姐妹贵子是关白藤原道隆之妻、内大臣伊周与皇后定子

之母，由于这一关系，光子成了藤原定子的乳母，并担任
了中关白家的宣旨女官。源方理的出身不明，但从长德二
年四月二十四日由于受到左迁的藤原伊周的连坐而被剥夺
了殿上的位置、五月二日又受到传唤来看，想必是与藤原
伊周亲近的人物。因此，这两人都以铲除藤原道长和恢复
藤原伊周的权力为目的，委托了这次的诅咒事件。

据（3）所言，诅咒的方法是阴阳师书写厌符与诅咒
符交给委托人，像此前所述的各个例子一样，委托人再将
其放到诅咒对象家中寝殿下或是水井中等地方。此外从
（4）可知，也有请灵验的寺社施行厌法的方法，其交换
物也就是一匹绢或是一件染红的衣服而已。

在圆能之外，还出现了源心、道满等法师阴阳师的名
字。据（5）可知，圆能是与前越后守源为文交好并常有
往来的阴阳师，因为源方理之妻是源为文的女儿，通过这
层关系他接受了诅咒的委托。被怀疑是共犯的阴阳师源心
想来也有着同样的经历。而据（4）还可以知道，道满也
是日常出入高阶光子家的阴阳师。高阶光子与中关白家本
就是一体，因此可以推定道满与藤原伊周之间有着直接联
系，或许正是因为他们与道满的关系众所周知，所以才雇
用了另一位法师阴阳师圆能。

还有一个故事同时见于镰仓时代的说话集《古事谈》
卷六"犬告知道长危难之事"，《宇治拾遗物语》卷十四

的"御堂关白的御犬、晴明等奇特之事",以及《十训
抄》第七话"犬告知道长危难之事"等处,十分有名,
以下是其主要内容。在法成寺门前,藤原道长的狗忽然吠
叫不止,阻拦藤原道长入门,藤原道长对此感到奇怪,于
是召来安倍晴明进行占卜,结果发现此处埋有诅咒所用的
厌物。晴明又占卜了具体位置,发现了两片合在一起的瓦
器,上面用折叠过的黄纸绑成了十字形,其中没有任何东
西,瓦器底部则用朱砂写了一个字。晴明指出,除了自己
以外知道这个法术的就只有道摩(道满)法师。安倍晴
明诵读咒文放飞黄纸,黄纸变成一只白鹭飞回道摩法师身
边,人们最终发现这是道满受到藤原道长的政敌——左大
臣藤原显光的委托而进行的诅咒,结果道满被流放到了播
磨国。

南北朝时期播磨国的地方志《峰相记》里则提到主谋
并非藤原显光而是藤原伊周,这也与道满在历史上的活跃
时间更为一致。但事实上安倍晴明在宽弘二年(公元 1005
年)就已经去世,而即使将故事里的法成寺视为现实中法
成寺前身的无量寿院,那也是在宽仁四年(公元 1020 年)
建立的,因此这一故事与安倍晴明的在世时间并不吻合。
无论真相如何,在这些说话的背后,想必现实中的确发生
过道满法师以及其他法师阴阳师进行类似诅咒的事件,这
些事情经由口口相传最终凝聚成了这样的传说故事。

第五章　贺茂保宪与安倍晴明

一　贺茂氏与安倍氏

古代的阴阳头

　　行文至此，我们以摄关时代，也就是以藤原道长活跃的平安时代中期为中心，探讨了阴阳道与阴阳师的实际情况。应该有读者已经注意到，此前所举的阴阳师们的例子中，贺茂保宪与贺茂光荣这对父子以及安倍晴明与安倍吉平这对父子的活跃十分引人注目。这是由于从这一时期开始，贺茂氏与安倍氏开始占据阴阳道的主要位置，从此开始成为阴阳道的世袭氏族，贺茂氏一直维持到中世末期（其庶出一系一直延续到近世末期），安倍氏则一直维持到了近世末期。接下来，本节就将考察贺茂氏与安倍氏是如何成为阴阳道的世袭氏族的。

首先从贺茂氏开始，这是祖先以大和国葛城郡为根据地的豪族，被视为与修验道的始祖贺茂役君小角（也就是著名的役行者）同族。贺茂氏的系谱中将直系祖先追溯到活跃于八世纪初的吉备麻吕，其子孙中有名为圆兴的僧侣，他是道镜的弟子，一度担任法臣，这是相当于大纳言的高官。但是从奈良时代到平安时代前期为止，贺茂氏中虽然有人担任过地方官与神祇官，却从来没有人担任过阴阳寮官员。

吉备麻吕是大宝二年遣唐使使节团中的一员，最高担任过从四位下播磨守，由于其名字及作为遣唐使的经历与右大臣吉备真备相似，后世子孙将二人混淆。如前所述，在院政期吉备真备已经被奉为阴阳道的始祖，贺茂氏的这一行为在很大程度上也包含夸示自身权威性的意思。

而安倍氏则是自古以来构成大和政权的豪族，奉大化改新时的左大臣安倍（阿倍）内麻吕（仓桥麻吕）为祖。到平安前期的文德朝为止，安倍氏曾经出过大纳言安倍安仁等数名公卿，之后则步向衰退，不再有人担任要职。后世，安倍氏为了与奉吉备真备为先祖的贺茂氏对抗，同样将安倍内麻吕与在唐朝留下文士之名的阿倍仲麻吕（晁衡）视为同一人物。

平安时代后期成书的《江谈抄》中收录的吉备真备

入唐传说中提到，在吉备真备之前入唐的阿倍仲麻吕被唐人囚禁于高殿之内化为鬼魂，帮助吉备真备解答了唐人给出的难题，让吉备真备可以将各式各样的文化传回日本。在这个传说里，阿倍仲麻吕可以说是吉备真备的恩人，但这并非史实而是文学创作。吉备真备与阿倍仲麻吕同样是养老元年（公元 717 年）入唐的留学生，最终阿倍仲麻吕没能归国而在唐离世，这一故事的背景或是由此而来。从这个传说故事中可见，中世之后，两氏在祖先传说上也开始了争斗。

贺茂、安倍两氏开始担任阴阳寮官员是进入十世纪之后的事情，在此之前我们先回顾一下八世纪以来阴阳寮官员的构成与氏族倾向。

阴阳头是阴阳寮长官，奈良时代似乎多由大津首〔天平二年（公元 730 年）前后〕、高麦太〔天平九年（公元 737 年）前后〕、大津大浦〔宝龟二年（公元 771 年）〕等渡来系且善于占卜之术的专门人士来担任；从桓武朝的天应二年（公元 782 年，同年改元延历）开始到进入平安时代的九世纪中期文德朝为止，则由藤原氏等一般贵族官僚担任这一职位。这一倾向的变化在第一章也曾提及，是由于奈良时代末期频繁发生谋叛事件，而大津大辅与山上船主等阴阳寮出身的官员连续参与其中，有鉴于此，朝廷开始任命贵族官僚为阴阳寮长官，试图通过儒学理念对术数官厅阴阳寮进行管理与统制。

　　然而在九世纪后半期的清和朝之后，出任阴阳头的分别是贞观二年（公元 860 年）兼任历博士的大春日真野麻吕、贞观十六年（公元 874 年）兼任阴阳博士的滋岳川人，以及此后的家原乡好、弓削是雄等一系列阴阳寮的专门人士。这时候的阴阳头可以说是阴阳寮官员能够晋升的顶点，是名副其实的阴阳寮最高职位。这一时期同样也是阴阳道在藤原良房、藤原基经的政权下确立其咒术宗教地位的时期。在此之前，阴阳寮主要由管理人员与事务官员及技术教育官员两大体系构成，其中前者分为阴阳头、阴阳助、阴阳允、阴阳属四等官，后者是阴阳师、阴阳博士、历博士、天文博士以及各自学生。而从这一时期开始，阴阳寮官员或是由学生、得业生、阴阳师、阴阳属、阴阳允、阴阳助、阴阳头一路上升，又或是由得业生或阴阳师出任博士后再升任助与头，形成了阴阳寮内部特有的晋升体系。

　　进入十世纪之后，被任命为阴阳头与阴阳助的仍然有文、秦（惟宗）、大春日、大中臣氏等多个氏族，其中贺茂氏的贺茂保宪以著名阴阳师贺茂忠行之子的身份于天德元年（公元 957 年）前后首次就任阴阳头。十世纪末到十一世纪初的阴阳师安倍晴明与贺茂光荣等人并未担任过阴阳头与阴阳助，而是以高级阴阳师的身份在阴阳道内保

持重要地位。到了他们孙子这一代，安倍章亲于天喜三年
（公元 1055 年）、贺茂道清于治历元年（公元 1065 年）
分别就任阴阳头，由此开始了贺茂与安倍两氏对阴阳头职
位的垄断，此后他们更将阴阳助一职也纳入垄断范围，直
到江户时代。

阴阳寮的博士们

那么阴阳寮博士们的情况又如何呢？

阴阳、历、天文三科博士在平安时代分别增设了一名
权博士，于是定员变为两名。从九世纪到十世纪，大春日
氏是历道名族，其氏族内可确认担任过历博士的人就有真
野麻吕、氏主、弘范、益满、荣业、荣种六人。十世纪中
期开始，贺茂氏则有天历四年（公元 950 年）就任的保
宪、天延二年（公元 974 年）就任的光荣、正历四年
（公元 993 年）就任的行义、长保五年（公元 1003 年）
就任的守道等人成为博士，成为在历道内与大春日氏对抗
的一大势力，并最终凌驾于后者之上。自天喜五年（公
元 1057 年）任权历博士的贺茂道清（后升任历博士）与
治历元年前后就任权历博士的其弟道言开始，贺茂氏开始
垄断历博士一职，历道之家贺茂家由此正式形成。

至于天文博士，九世纪时期中臣志斐氏曾经出过国
守、春继、安善、广守四名博士，但是之后没能延续下

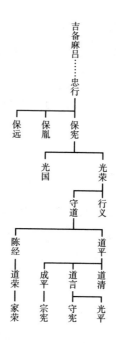

图 5-1 贺茂世系略图

来。十世纪前半期的任职者不明，后来天德四年（公元
960 年）贺茂保宪被任命为博士，其子光国也于天延二年
（公元 974 年）被任命为博士，而安倍晴明则同样于天禄
三年（公元 972 年）前后、其子吉昌则于宽和二年（公
元 986 年）被任命为博士，这使得安倍氏同样成了天文
道的名族之一。接下来，在安倍章亲于宽仁三年（公元
1019 年）就任天文博士、其弟奉亲于长元八年（公元
1035 年）就任权天文博士之后，安倍氏同样开始了垄断

图 5-2　安倍世系略图①

天文博士的进程，与历道之家贺茂氏一样，形成了天文之
家安倍氏。

　　此外，阴阳博士从奈良时代之后开始有众多氏族就
任，不像历博士和天文博士一样偏倚于特定氏族。安倍氏
之中，吉平于正历二年（公元 991 年）、时亲于治安三年
（公元 1023 年）曾经分别担任阴阳博士。但此后，从天
喜六年（公元 1058 年，康平元年）的权阴阳博士安倍有
行与康平六年（公元 1063 年）的贺茂道平开始，贺茂、

安倍两氏同样开始了对阴阳博士一职的垄断。

如此这般，贺茂氏从十世纪中期开始在历道内由保宪—光荣—行义一系构建了势力基础，安倍氏同样于十世纪末由晴明—吉昌—章亲一系在天文道内奠定了其势力基础，接下来到十一世纪中期为止，两家都实现了对博士职位的垄断，确立了历家与天文家的地位。在这一过程中，两家还开始有人出任阴阳博士与阴阳头，并于十一世纪后半期同样实现了对这两者的垄断，形成了阴阳道的世袭氏族。从摄关政治全盛期到院政期的这一时段内，朝廷的各种职务的负责人都开始由特定官厅转为特定家族，这被称为家业化，贺茂氏与安倍氏的世袭氏族化也是与这一大趋势相符的。

所谓历道

贺茂氏与安倍氏能够轮流就任阴阳头与阴阳博士，成为阴阳道的世袭氏族，与其分别在历道与天文道内部构建的势力基础分不开，而这两道受到重视则是因为历法与天文都是与政治有着密切关系的学术。

中国的政治思想认为，天帝是道德的根源，同时是绝对的神，皇帝则是以天子之身代行天命之人。天按照一定的规律运行，由此季节推移、万物生长，而历法则是将天的运行规律即天帝对天下万物的主宰具体化的表现，因此编纂历法是天子的特权之一，而在支配领域内颁布历法则是在天子的号令之下共享时间的表现，这是象征着支配的举动，颁历的对象也因此不仅限于国内，国外的属国也包括在内。

中国从殷商时代开始就使用太阴太阳历，一开始只是闰月置于年末的单纯简易的历法。其后随着天文观测的精密化，出现了收录历法计算法则以及作为其基础的日月五星的运动周期等天文定数的历法。从西汉的《太初历》到清代的《时宪历》为止，中国相继采用了共四十九套历法。更换历法一事也称为改历，频繁改历的理由大致有两种：一是以王朝交替，也就是天命变化（革命）为契机；另一种则是由于天文定数的误差累积导致历法与天象难以吻合，因此通过改历来修正。

日本也在六世纪前后经由百济获得了南朝刘宋《元嘉历》的相关知识，《政事要略》之中记载日本于推古十二年（公元604年）开始使用历日，这被认为是日本开始使用《元嘉历》并首次造历的表现。接下来，日本于文武二年（公元698年）开始导入唐的《麟德历》（日本称《仪凤历》），于天平宝字八年（公元764年）导入了《大衍历》，于天安二年（公元858年）导入了《五纪历》，于贞观四年（公元862年）导入了《宣明历》。在此之后，直到江户时代涉川春海创制《贞享历》为止，《宣明历》共使用了八百二十三年（表5-1）。

表 5 - 1　日本历法一览

历法名	作者	采用年份	施行时间（年）	太阳年（天）	朔望月（天）
《元嘉历》	何承天	推古十二年（604）？	88	365.2467	29.53059
《仪凤历》（在中国称《麟德历》）	李淳风	文武二年（698）	66	365.2448	29.53060
《大衍历》	一行	天平宝字八年（764）	94	365.2444	29.53059
《五纪历》	郭献之	天安二年（858）	4	365.2448	29.53060
《宣明历》	徐昂	贞观四年（862）	823	365.2446	29.53060
《贞享历》	涉川春海	贞享二年（1685）	70	365.2417	29.53059
《宝历历》	安倍泰邦等	宝历五年（1755）	43	365.2416	29.53059
《宽政历》	高桥至时等	宽政十年（1798）	45	365.24235	29.530584
《天保历》	涉川景佑等	天保十四年（1843）	30	365.24223	29.530588

说明：现行的太阳历中一年为 365.24219 天，一个朔望月为 29.530589 天。

　　历博士的职务包括每年造历，以及对日月食进行预报，日本从平安时代开始将这一技术体系称为历道。在律令制下，历博士每年进行历法的计算，在此基础上制作历本（底稿）并提交给阴阳寮，阴阳寮基于此编纂天皇所用的御历与颁赐诸司的颁历。御历一年共有上下两卷，诸司颁历则是一年一卷共计一百六十六绢，阴阳寮需要组织人手抄写这些历卷。阴阳寮及其上级官厅中务省于每年的十一月一日进入内里，将历法进献给天皇，这一仪式称为御历奏，在这一仪式结束后新一年的颁历被送往诸司诸国。

　　然而到十世纪之后，这一颁历制度难以继续维持。这是由于随着律令支配体制的崩溃，诸国在律令制规定下需要交纳的税赋难以到达中央，其中就包括造纸原料难以送达作为工房的图书寮，最终导致阴阳寮无法获得颁历所需的大量纸张。然而，需要历法的不仅是宫廷与官厅，对于贵族官员与寺院等来说历法同样是必需品，因此这一需求也并不会消失。官方供给途径的停止只说明了以历家与阴阳寮官员等为媒介的私人供给体制运转良好，足以应对这一需求。

　　贺茂氏开始进入历道的十世纪中期，正是这种历家逐渐取代旧来的颁历制度，成为向社会提供历法的主体的时代，而贺茂氏入主历道，开始于天历四年（公元 950 年）任历博士一职的贺茂保宪。

贺茂保宪与历道

　　贺茂保宪是贺茂忠行之子，贺茂忠行在《今昔物语集》中也有逸话流传，是身份高贵的阴阳师。虽然人们对他的评价很高，但他在仕途上并不顺利，能够确认担任过的官职只有近江权少掾。天历六年（公元 952 年），贺茂保宪试图将自己得到的五位位阶让给当时只有六位的父亲，从此事中也可见贺茂忠行的仕途之不顺。

保宪于贞元二年（公元 977 年）去世，享年六十一岁，由此推算他生于延喜十七年（公元 917 年）。天庆四年（公元 941 年），他年仅二十五岁就以历学生的身份与历博士大春日弘范一起接受了"造历宣旨"。这是由于编造历法在律令制下是历博士的任务，除此之外的人想要参与就需要天皇的特别敕命，也就是宣旨的认可。此外，这也是首次造历宣旨，贺茂保宪能够以学生之身与博士参与同等活动，其背景是十世纪初期以来，历博士中大春日氏与葛城氏两派之间就历月大小、日月食计算等问题频繁发生论争。

贺茂氏与葛城氏都是大和国葛城郡出身，或许贺茂保宪由此以葛城氏后继者的身份得到了造历宣旨。此后，他从历博士升任阴阳头，进而又担任天文博士等阴阳寮重职，世称"三道博士"。此外，在他离开历博士一职之后又一次得赐造历宣旨，于天延二年（公元 974 年）因为造历之功升叙从四位下。对于阴阳家而言，四位是极高的位阶，除去奈良时代密告藤原仲麻吕的谋叛而从正七位上破格升叙从四位上的阴阳师大津大浦之外，贺茂保宪是第一位升至四位的阴阳师，这开创了此后安倍晴明、贺茂光荣等人先后升叙四位的先例。贺茂保宪始终参与造历工作，这也成为贺茂氏从此之后长年与历道关联在一起的起因。

保宪在历道的重要事迹之一是他请来①了新历法。天历七年（公元953）延历寺僧人日延为向中国的天台山赠送天台宗的相关经典而渡海远赴江南吴越国，保宪借此机会向朝廷上申要求引进新历法。这是由于为了清算历家之间的争论，有必要导入新历法取代施行近百年的《宣明历》。

根据记载了相关事宜的《大宰府神社文书》，日延在到达吴越国完成了法门的任务之后，在当地的司天台学习《符天历》，于四年后的天德元年（公元957年）归国，将《符天历》交给了贺茂保宪。然而，《符天历》并非中国王朝正式采用的官历，而是民间占星术所用的历法。或许是出于这一缘故，《符天历》虽然被用于历法计算的参考，却最终没有正式取代《宣明历》。而且，相较于历家而言，反倒是宿曜师更积极地利用这一历法。宿曜师是密教僧侣，同时也是占星术师（彩插23）。宿曜师通过《符

---

① 指接受委托，从外国带回佛像或经典等。

天历》计算个人诞生时刻九曜的位置，再将此放在载有二十七宿、黄道十二宫、十二位的圆形星盘上占卜运势，其占卜文成为宿曜勘文。由于宿曜师同样也需要利用《符天历》进行历法的计算，因此在宿曜师内也有兴福寺的僧侣仁宗、仁统、证昭等得授造历宣旨的人物。

贺茂光荣垄断历道的方法

贺茂保宪之子贺茂光荣，通过与宿曜师的联合，成功巩固了贺茂氏在历道之内的地位。贺茂光荣于天延二年以权历博士的身份在史料中首次出现，在升任正官历博士不久后离开阴阳寮，正历四年（公元993年）时他的官职是大炊权头，这时的权历博士则由贺茂光荣之子贺茂行义担任，光荣自己则得授造历宣旨，与贺茂保宪之时一样，父子两代都与历道有着密切联系。如此这般，在十世纪末时贺茂氏中辈出历博士与得授造历宣旨之人，成为历道的中心，然而这期间大春日氏中也尚且有人能够出任历博士，所以贺茂氏尚未完全垄断历道。而对于贺茂光荣来说还有一个严重的问题，那就是正历五年时贺茂行义早逝，行义的弟弟守道尚未元服，现任的历博士只剩下大春日荣种一人。

这时贺茂光荣所采用的策略是申请授予宿曜师仁宗造历宣旨，让其与自己共同参与造历，以求确保贺茂氏对历道的主导权。在行义去世的次年也就是长德元年（公元995年）八月十九日，仁宗得授宣旨。到了长保二年（公元1000年），历博士大春日荣种去世，历博士之位出现了空缺，七月九日一条天皇通过藏人头藤原行成下旨，命令贺茂光荣之弟、前内藏允贺茂光国就任历博士。这时贺茂光荣表示，"当道事者，以光荣子息可令习继，但光国者尤可被采用。阴阳助若博士有阙之时，可被拜任欤"（《权记》），拒绝了敕命。

　　能够对敕命提出如此强势的拒绝，也说明贺茂光荣通过与宿曜师仁宗的合作，已实现了对历道的实际掌控。接下来贺茂光荣更在进入九月之后以博士之位空缺为由，没有提交本应当于八月一日提交给阴阳寮的来年御历的历本（底稿）。陷入困境的时任阴阳头惟宗正邦上奏，这才任命了新的历博士，这时成为历博士的正是贺茂光荣之子贺茂守道，权历博士则是中臣（后改为大中臣）义昌，可知贺茂光荣的意志得到了贯彻。

　　贺茂氏与宿曜师的协作在此之后也一直持续，长和四年（公元1015年）六月七日光荣去世后，七月八日贺茂守道就遵循贺茂光荣与仁宗的先例，申请授予仁统造历宣旨，令他与自己共同参与造历。接下来的长元元年（公元1028年）五月，贺茂守道将历博士之位让给儿子道平，在长元三年三月二十二日去世。这一年的七月四日，仁统的弟子证昭得授宣旨，与道平共同参与造历，这也应是基于贺茂道平的申请。

如此这般，贺茂氏在家主换代之时，积极地与宿曜师配合，以求长期掌握造历这一业务。在大春日荣种之后，还有大中臣义昌、公理（姓不详）等人被任命为权历博士，但他们被排除在贺茂氏与宿曜师所构建的造历体制之外，因此必然只能成为有名无实的存在。

历学何以停滞？

贺茂道平与宿曜师证昭的合作关系在长历二年（公元 1038 年）出现了问题，次年天皇下旨采用贺茂道平所撰之历，以后不再出现授予宿曜师造历宣旨的情况。而如前所述，在道平之子道清、道言于治历元年（公元 1065 年）前后分别就任历博士与权历博士之后，贺茂氏就开始了垄断历道的进程，由此形成了历道之家贺茂氏。

然而，贺茂氏对历道的世袭化，反过来也造成了历学的停滞。本来历法需要保持与天象一致，因此当经过一定时间、误差累积变得明显之后，就需要转而使用新历法；但是平安后期以降的贺茂氏与贵族们不再有这一意识，奉《宣明历》为金科玉律，以此作为支撑贺茂氏的历学基础。

《宣明历》的正式名称是《长庆宣明历经》，是唐代徐昂所撰，包括了造历理论、造历术、日月五星等定数表等内容，是共计三十卷的长篇大著。镰仓时代之后，贺茂氏将《宣明历》的核心，也就是造历方法、日月食的计算方法及计算所需的定数表重新整理成文传给子孙，删除了支撑历法的大部分理论与数据。这对于继承历道家业来说是有效的措施，即使子孙能力不足也可以继续编制历法，但从科学技术层面考虑，这则是象征了中世日本历学停滞的行为。但是这一行为同样也为历法向各地方普及做出了贡献。室町时代出现了《南都历》《三岛历》《大宫历》等所谓的地方历，这些地方历都基于《宣明历》编纂，因此可以说，经过贺茂氏删减的《宣明历》的普及，是促进地方历出现的重要原因（彩插24）。

何为天文道？

假如说历法是天的运行规律的表现，那么天变就是天的至高神——天帝为了警告地上天子的不德失政而降下的启示。因此在中国，占星术与天文占卜非常发达，这是为了解读上天的意志，占卜国家与统治者的安危。在负责的官厅太史局中有专门的天文观测体制以及向天子报告的制度，天子被认为应当回应上天的警告而施行德政、善政。如此这般，与儒家德治理念一体化的天文观念与天文知识扩散到了周边诸国，律令制下的日本也在阴阳寮里设置了

发现阴阳道

天文博士，负责观测天文与气象，当发现异常时需要紧急占卜其对国家的吉凶并向天皇密封上奏。这一行为称为天文密奏，这一天文占卜的体系在日本则被称为天文道。

接下来就来看看天文占的特质。天文占中，将在夜空中闪耀的星座比喻为地上的国家组织，构成了以天帝为中心的诸多机构。天的中央是紫微垣，其周围则是太微垣与天市垣。紫微垣的中心是北极，其中有象征太子、皇帝、庶子、皇后、天枢等天帝家族的诸星相连；在此周围则是负责守卫的勾陈、辅佐皇帝政治的四辅、宰相的尚书等星座；而紫微垣则象征着宫城的内廷，是高贵的场所。

与此相对，太微垣是天帝的朝廷，以五帝座为中心，东西垣上则是高官上将、次将、上相、次相以及执掌法律的左右执法等星与星座。天市垣则是都城的市街区，有着象征市场的市楼，象征肉屋的屠肆，象征布的测量工具的帛度，计量衡的斗、斛等星座。在这些星座的周围，有为了描述月亮位置并展现其移动轨迹而设定的二十八个星座，也就是二十八宿，其外侧有象征着防御北方匈奴的城壁的天垒城等各种各样的星座，这些星座都有特定的职能。据说这些星座是中国古代的石氏、甘氏与巫咸三位天文家观测所得，而三世纪末吴国的太史令重新进行了编纂整理，将星座定为二百八十三个，星数定为一千四百六十四个，这成为后世的准则（《晋书·天文志》）。

天变可以分为几类，包括彗星的异常闪耀与不规则运行、日月食、行星间或是行星与星座之间的异常接近、突然出现的彗星、流星等天文现象，以及日晕、白虹等气象现象。天文占的重点，是区分诸多有着不同象征的星与星座之中的哪些发生了关系。天文博士在天文密奏时提交的奏文，首先记载哪些星于何时接近到什么程度等基本信息，然后引用中国传来的天文占书的占言，指出这是什么事件的前兆。如此可见，天文道的职务特征是仅以天变现象为对象，引用天文占书来解释国家统治阶层的吉凶。那么天文家所依据的中国的天文书又包括哪些内容呢？

当上奏天变之后

天平宝字元年（公元 757 年），在选定阴阳寮学生的教科书时，天文生被指定了《史记·天官书》《汉书·天文志》《晋书·天文志》《三家簿赞》《韩杨要集》等书。其中，从《史记·天官书》到《晋书·天文志》为止都是中国正史中的一篇，记载了中国天文学的概要，以及各个星与星座的位置及其在占星术上的特征，此外《汉书·天文志》《晋书·天文志》还按照年代顺序记载了天变和与其相对应的地上的异事与占言。《韩杨要集》是韩杨所撰的《天文要集》，这是一本现在只有轶文流传的占书。《三家簿赞》是中国星座的图录，在星图上将陈卓整

理的三家星座按照红、黑、黄三色加以区分，据推断成书
于唐代初期。这本书在中国已经失传，而在若杉家文书中
则有安倍氏在镰仓时代的抄本（彩插 25）。

以上提到的五本书是天文生应当学习的书籍，除此之
外，重要的占书还有《天文要录》《天地瑞祥志》《乙巳
占》。这些是根据日、月、五星、星宿、流星、彗孛、气
象等分类，将古来的天文与纬书的占言进行类聚的天文占
书。因此，对于出现天变时需要立刻撰写勘文提交密奏的
天文家来说，这些是非常重要的书目，只要检索与异变对
应的项目就能简单找到很多典籍与占言。每当天变发生之
时，这些书籍都会被引用，这一点在《安倍泰亲朝臣记》
等书中可以得到确认，这部书集中收录了仁安元年（公
元 1166 年）的占文。

当上奏天变之后，朝廷必须按照占文内容，对天的警
戒做出对策。而在当时最重要的天变是出现时有可能会伴
随横贯天空的耀眼光芒的彗星。天养二年（公元 1145
年）四月出现的哈雷彗星，据说其光长达二丈（角直径
约 20°）。朝廷迅速向诸社奉币，并举行了密教修法等宗
教应对以求消除天变；在政治上则下令讨论德政措施，此
后赦免罪人、改元，并颁布了政治改革的九条新制，作为
对于天变的应对。在古代与中世之时，天变与灾害、怪异
一样，是与政治直接相关的重要课题。

安倍氏世袭阴阳道

安倍氏中首个被任命为天文博士的是阴阳道的家祖安倍晴明。此后还会详述，他于宽弘二年（公元 1005 年）以八十五岁高龄去世，在史料中可以明确知道的他的首次任职是在天德四年（公元 960 年），即他在四十岁时担任的天文得业生。所谓得业生，是大学寮、阴阳寮从学生中选拔有能之人，为了资助他们的学习而提供衣服与食物的制度，安倍晴明这时正是从天文生晋升为天文得业生。

《今昔物语集》卷二十四第十六话"安倍晴明随忠行习道之语"中提到，晴明从幼小之时就跟随贺茂忠行学习阴阳道，《帝王编年记》中则有安倍晴明由贺茂保宪传授天文道的记载。但是《帝王编年记》中提到贺茂保宪将历道交给其子贺茂光荣，而将天文道交给弟子安倍晴明，令两人分掌二道，两氏世袭这二道便是由此开始的。这只是后世之人的结果论，事实上贺茂光荣的弟弟光国就曾经从天文得业生升任为权天文博士，两氏的世袭化要到十一世纪中期之后才开始，因此不能轻易相信《帝王编年记》之说。

安倍晴明在此之后升任阴阳师，并在五十一岁前后成了天文博士。宽和二年（公元 986 年），安倍晴明六十六岁时，他的儿子吉昌被任命为天文博士，而安倍晴明则离

发现阴阳道

开了阴阳寮的官职系统，与贺茂光荣一样成了一条天皇的藏人所候阴阳师，叙从四位下，升任左京权大夫。安倍晴明在阴阳寮拥有稳固基础，他的两个孩子吉平与吉昌的晋升很顺利，其中吉昌直至宽仁三年（公元 1019 年）去世为止，担任天文博士长达三十三年，在宽弘元年及其后的五年间还兼任阴阳头；吉平也于正历二年（公元 991 年）得授阴阳博士，正历四年晋升为阴阳助，宽弘五年（公元 1008 年）则以主计助的身份为人所知，长和五年（公元 1016 年）升任主计头，与安倍晴明一样得叙从四位下，《小右记》对此评价道："朝恩之至也。阴阳家为无比肩之者欤。"在这一过程中，安倍氏也实现了对天文道的垄断。

天文博士安倍吉昌于宽仁三年四月二十八日去世，由于当时的权天文博士和气久邦在伊予国外任，而得授天文学习宣旨的孝亲与中原师任都还不够成熟，因此安倍吉平于六月获得旨意，开始负责天文密奏（《小右记》）。天文学习的宣旨是给予并非天文生之人学习天文资格的宣旨，与此相同，天文密奏的宣旨也是给予非天文博士之人行天文密奏的资格，这同样基于天文与历法是直接与天皇权力相关的职务这一认知。和气久邦前往伊予国，大概是作为受领①的

---

① 平安中期以后实际前往任地赴职的最高级别的国司，与遥任的国司相对。

陪同。

在此之前的正历元年，尾张国的郡司与百姓向太政官控诉国守藤原元命的罪状，提出了著名的《尾张国郡司百姓等解文》，其中可以看到随藤原元命离开京都前往尾张行种种非法之事的官员中就有权天文博士惟宗是邦的名字，可知在京都难以维持生计的阴阳寮等职司的下级官员中，也有不少人选择与受领一起前往领国。此外，前述得到天文学习宣旨的孝亲，据推断是大江匡房的外祖父橘孝亲。大江匡房在《江谈抄》中所说的吉备真备入唐传说，据推断就是由橘孝亲所述。大江匡房精通天文，被称为"荧惑之精"，想来也与从橘孝亲处听闻阴阳道的故事秘闻并学习天文知识是分不开的。

安倍吉平的密奏宣旨是为了弥补当时天文道内人才的缺乏而采取的措施，这一年的十月，安倍吉平之子章亲由天文得业生就任天文博士，由此可见朝廷的意向是将天文道委任于安倍氏。而如前所述，长元八年（公元1035年）章亲的弟弟奉亲也就任了权天文博士，天文博士与权天文博士之职由安倍兄弟垄断，由此开始了天文道的世袭化。

阴阳师与摄关家

如此这般，贺茂氏与安倍氏在历道与天文道构建了各

发现阴阳道

自的基础，接下来在十一世纪中期更进一步实现了对阴阳道的垄断。此时正是藤原道长及其子藤原赖通掌握政权的摄关政治全盛期，这一时代的史料相对丰富，可以看到阴阳师们不仅服务于朝廷与天皇，而且为以摄关家为中心的贵族官员阶层提供各式各样的服务。

如前所述，贺茂保宪经由历博士与阴阳头升任天文博士，进而升任主计头、谷仓院别当，位阶达到从四位下，即使离开阴阳寮后，仍然位居后来的阴阳头秦具瞻与大春日益满等人之上，在阴阳寮出身的官僚中位阶最高，换言之，他以阴阳道首座的身份为天皇与贵族提供服务。在此之前，阴阳寮的长官阴阳头就是官方阴阳师集团的领袖，而贺茂保宪成为首位身在阴阳寮之外却居于上位的阴阳师。

这种地位被贺茂保宪的弟子安倍晴明、儿子贺茂光荣，以及他们各自的儿子安倍吉平、贺茂守道等人继承。在阴阳寮内的官职，安倍晴明终止于天文博士而贺茂光荣终止于历博士，两人都没有担任过阴阳头的经历，但是在离开阴阳寮之后，安倍晴明由主计权助升任左京权大夫，贺茂光荣则从大炊权头升任右京权大夫，而且在此期间以侍奉藏人所（天皇的秘书局）的阴阳师的身份为一条天皇服务。

新天皇即位时，会任命当时位阶第一与第二的上位阴阳师担任藏人所候阴阳师，负责为天皇占卜怪异（藏人所御占）、勘申行事之日，以及负责袚与祭祀等，是天皇的咒术祈祷师。其地位由安倍吉平与贺茂守道继承，再传给下一代的安倍时亲与贺茂道平。他们都没有就任过阴阳头一职，安倍吉平由阴阳博士、阴阳助直接升任主计头，贺茂守道则由历博士出身继安倍吉平之后就任主计头，其位阶均升至四位，作为阴阳道首座而活动。

而这一时期对于两氏最为重要的，就是与天皇的外戚家——掌握绝大权势的摄关家之间的关系。举一例而言，藤原道长的日记《御堂关白记》记有从长德四年（公元998 年）至治安元年（公元 1021 年）之间的事情，其中阴阳师的名字共计出现了一百一十三次。由于阴阳师们的活动年代不同，服务于藤原道长的时间段自然也有区别，安倍晴明在宽弘二年（公元 1005 年）去世为止共出现了十次，贺茂光荣在长和四年（公元 1015 年）去世为止共出现了三十三次，安倍吉平则一直活跃到《御堂关白记》结束为止，共计出现了五十七次。仅这三人就有共计百次的记录，可以说《御堂关白记》中出现的阴阳师基本都是这三人，由此可见他们不仅服务于天皇，同样为以天皇外戚身份掌握权威的摄关家提供服务。

他们服务于天皇，参加各种临时行事等活动获得封赏，得到提升位阶的机会；又服务于掌握人事权的摄关家，得到了摄关家的庇护，包括后代在内都能够在任官时得到优待，从而使得他们在阴阳寮内外的地位都更为巩固。

如此这般，摄关时代内贺茂与安倍两氏形成了上位的阴阳师阶层，除历博士与天文博士之外，在天喜三年（公元1055年）安倍章亲就任阴阳头之后，成功实现了对阴阳头、阴阳助以及阴阳博士等阴阳寮内主要官职的垄断，在平安时代后期的院政时代成功确立了阴阳道世袭氏族的地位。

二　晴明形象的形成

安倍氏是贺茂氏的门生

安倍晴明很早就在说话故事中被传唱为具有超人一等的咒力的阴阳师，拥有各种各样的传说故事。近年来出现在小说与漫画等作品中的现代晴明形象，多被描述为能够发挥超能力随心所欲地驱使式神、击退恶灵的青年美男子形象，那么实际上的安倍晴明又是什么样的呢？下面，我们首先来看看他的经历。

如前所述，在安倍世系图中，安倍晴明于宽弘二年（公元1005年）以八十五岁的高龄去世，他在史料中最后一次出现，是在这一年的三月八日中宫藤原彰子前往大原野神社时为她执行反闭（《小右记》），因此可以确认他确实是在这一年内去世。由此推算他的生年应是延喜二十一年（公元921年），忌日则有九月二十六日与十二月十六日两说。

九月二十六日说是由于这一天是位于京都堀河的晴明神社的祭日，因此被视为安倍晴明的忌日，然而这其实是近世以来的说法。晴明的子孙从室町时代开始成为土御门家，根据梅田千寻的研究，土御门家在宝历四年（公元1754年）举行的安倍晴明七百五十周年忌是在三月下旬进行的，可以理解为土御门家认为晴明的忌日大概是在三月。

然而，晴明神社在此之前一直于九月二十六日举办例祭，这似乎对于想要推广晴明信仰的本家土御门家造成了影响，土御门家的系谱从天保年间（公元1830～1843年）以后也开始将晴明的忌日记为九月二十六日。而土御门家的三月说则是根据记载晴明传说故事的《簠簋抄》中，天皇以二十四节气之一的三月"清明"为由赐予他"晴明"之名的传说，可见实际上土御门家也并不清楚安倍晴明真正的忌日。

十二月十六日说则是根据宫内厅书陵部所藏《阴阳家系图》（安倍氏、贺茂氏世系图）而来。这一系图的特

发现阴阳道

征是记载了贺茂保宪、安倍晴明以后平安时代中后期两氏主要人物的去世年月日及去世时的年龄，而且其中多数记载都比较值得信赖，也就是说系谱的原型应该形成于室町时代之前。这份系谱里晴明的注记里提到"宽佗二、十二、十六，年八十五亻"（亻指的是有异本），"宽佗"明显是"宽弘"的误写，因此就晴明的忌日问题，这是能够追溯到中世之前的有力学说。

诸系图中都提到晴明之父名为益材，官职是大膳大夫，由此可见当年构成大和政权的古代名族安倍氏，到了平安时代中期也衰退至此，这从安倍晴明任官年龄很大也可见一斑。天德四年（公元960年）就任的天文得业生是年已四十的安倍晴明首次任官，他的前半生可以说是很不得志了。

关于安倍晴明的阴阳道之师，据《今昔物语集》是贺茂忠行，据《续古事谈》则是忠行之子保宪。保宪比晴明只年长四岁，但是他在三十岁前后就担任了历博士，四十岁前后则升任阴阳头，在天德四年时已经转任天文博士兼主计权助，是阴阳道、历道、天文道的首座，可以推断安倍晴明应当是在年轻时师从贺茂忠行，壮年时则师从保宪学习。无论是谁，安倍晴明是贺茂氏的门下弟子这一点都是毫无疑问的，此后安倍氏虽然成为与贺茂氏并称的两大阴阳家，但从晴明及其子孙身上能够看到对贺茂氏的强烈对抗心理，这想来也起源于当年的师徒关系。

从晴明在世期间的史料中寻找晴明的任官经历时多有不明之处，《续群书类从》中所收录的《安倍氏系图》则引用了镰仓前期的阴阳头安倍维范的《维范记》，认为他于"应和元年（公元 961 年）任阴阳师。天历元年（公元 947 年）任少属，天历二年兼天文博士。宽和元年（公元 985 年）兼主计权助"。最近，高田义人指出，这一系图的祖本是仁和寺所藏《系图》，由这份《系图》可知这是与晴明有关的记载，而《维范记》的引用则误将少属与天文博士的任官置于应和以前的天历元年及二年。当时的《亲信卿记》天禄三年（公元 972 年）十二月六日条里能见到晴明担任天文博士的记载，因此应当将"天历"视为"天禄"的误写，由此可知安倍晴明在应和元年任阴阳师，天禄元年转任阴阳少属，天禄二年兼任天文博士，如此一来这一史料很可能与史实相符。

晴明的自我主张

无论如何，综合各种史料来看，安倍晴明于五十岁前后由阴阳师升任少属、天文博士，从贞元二年（公元 977 年）贺茂保宪去世时开始，在阴阳道内崭露头角。在官职方面，他在担任天文博士后离开阴阳寮，于七十五岁的长德元年（公元 995 年）任主计权助，接下来就任谷仓

发现阴阳道

院别当、大膳大夫等职，晚年则升任从四位下左京权大夫。从四位下对于当时的阴阳师家来说，是只有贺茂保宪得到过的高位，这一点此前也曾提过。安倍晴明虽然没有过担任阴阳头的经历，但是在从六十岁前后开始直到八十五岁去世为止的二十余年间，一直维持着阴阳道位阶第一的首座位置。八十余岁时仍然作为现役阴阳师充满精力地活动到去世之日，想来他的身体一定非常健康。

此前在表3-1"安倍晴明的活动"中可见，他经常为花山天皇、一条天皇、东三条院藤原诠子、中宫藤原彰子等皇族，以及一条天皇的外戚藤原道长等摄关贵族提供占卜、祓、反闭、祭祀、选定行事之日等服务，这是由于晴明以阴阳道首座的身份被任命为藏人所候阴阳师，拥有一条天皇御用祈祷师这一地位。尤其是晴明从七十五岁到去世为止的十年间，正是藤原道长掌握权力的时期，在建立摄关政治全盛期的藤原道长最活跃的年代里，安倍晴明是藤原道长最为信任的阴阳师，这一点是安倍晴明被后世牢记的主要原因。晴明的两个孩子之中，吉昌虽然就任了天文博士、阴阳头，却没有留下子嗣，吉平由阴阳博士升任阴阳助、主计头等职，得到藤原道长、藤原赖通父子的重用，其子孙作为阴阳家、天文家迎来了荣华富贵。

晴明就这样在当时多数人迎来晚年的五十岁前后开始官路亨通，又难得地寿享八十五岁，而且直到去世时以位阶第一的阴阳师的身份被朝廷与贵族重用长达二十多年。贵族阶层对晴明的评价很高，对他的咒术抱有很大的期待，认可他的能力，这一点有很多事例可以证明。

正历四年（公元 993 年）二月，一条天皇染上急病，召晴明入内奉仕御禊，结果立刻就有效验，因此晴明被加阶为正五位上（《小右记》二月二日条）。宽弘元年（公元 1004 年）秋，出现了严重的旱灾，而晴明举行五龙祭后立刻有验，当夜就降下大雨，天皇立刻命令藤原道长赐予他被服（《御堂关白记》七月十四日条）。然而降雨只有这一次，之后仍然是长期的旱灾。而长保二年（公元 1000 年）十月，天皇还幸新建内里，此时晴明被评价为"（阴阳）道之杰出者"，因而取代阴阳寮负责了反闭之事（《权记》）。也就是说，比起当时的阴阳头（惟宗正邦）来说，天皇更信任安倍晴明，认为他是位居第一的阴阳师。

据《荣花物语》卷十五，当藤原道长在长德四年（公元 998 年）患重病之时，遵循晴明与光荣的占卜结果选择了迁居。这被视为道长病愈的原因之一，世人称赞安倍晴明与贺茂光荣的占卜有验。在后世的说话故事中，晴明能够看见鬼神、勘破政敌的诅咒守护藤原道长等，被传颂为奇才之人，这也与他当时的声望分不开。

也正因为如此，安倍晴明似乎也颇为自信，长保三年

（公元 1001 年）闰十二月二十二日，天皇之母东三条院
诠子去世，由于谅闇（天皇的服丧期间）而停止了年末
的追傩，而晴明在私宅内举行了这一仪式，其声音震动京
内，使得众人都开始了追傩，与通常没有任何不同，他很
自豪地前往时任权大纳言的藤原实资之处夸耀这件事情
（《政事要略》卷二十九，《小记目录》）。他这是在自赞
自己作为阴阳师的影响力，由此也可见安倍晴明的自我主
张之强。

如此这般，晴明在晚年奠定了安倍氏足以与贺茂氏相
对抗的阴阳家地位。然而，此前的师徒关系在之后仍然在
意识层面和现实层面束缚着安倍氏，其中一例就是六壬式
占的教材问题。

安倍氏与贺茂氏围绕教材的争夺

进入院政期后，贺茂氏与安倍氏成了两大阴阳家，双
方就职务内容常有争论，关于六壬式占的争论就是其中之
一。小坂真二注意到了争论时双方作为论据提出的占文资
料以及安倍晴明所撰六壬式占的解说书《占事略决》，其
中双方引用的中国占书《黄帝金匮经》的经文有不同。
《黄帝金匮经》是推定成书于中国南北朝时期的古老占
书，曾出现在日本天平宝字元年（公元 757 年）指定的
阴阳寮阴阳生所需要学习的教科书目里，是基本的文献。

小坂真二指出，本书有两个版本，一个是包含详细占法理论的十卷本，另一个则是简略的三卷本。贺茂保宪之后的贺茂氏嫡系持有十卷本，其争论对手安倍氏似乎并没有这一版本。而三卷本则两家都有，安倍晴明的《占事略决》就是将这个三卷本以及另外的占书《神枢灵辖经》等摘抄并简化而成，但即使同样是三卷本，晴明的玄孙有行所持的版本，比起贺茂氏嫡系所持的版本有更多错误，从写本价值而言，安倍氏本要比贺茂氏本略逊一筹。

日本古代的学术是基于从飞鸟奈良时代开始逐渐由中国导入的各领域典籍而形成的，纪传道与阴阳道将构成其学习与职务基础的主要典籍及主要条文称为"本书""本条"加以尊重，也与这种学问形态有关。在拥有教育机构职能的大学寮与阴阳寮中，本来应当以统一的教材进行教学，但是到了平安中期，出现了像历道一样的党派对立，伴随着同一时期世袭制的发展，学位与技艺逐渐从官厅向特定家族的家业转换，在这样的时代背景下，阴阳道的教科书也作为支撑家业的基础被以家族单位继承，作为维持其优越性的手段秘而不宣，避免泄漏给其他氏族。

保延六年（公元 1140 年），贺茂在宪与安倍泰亲围绕阴阳寮御占展开争论，贺茂在宪认为安倍泰亲奉为"本条"所引用的占书不见于阴阳道的文书目录，因此不是正当的出典，不值得采信（《诸道勘文》），这也反映了当时的教材是以家族为单位传承的。

然而在实际的占卜中，委托人向阴阳师求问怪异与疾病的成因或是事情的吉凶成败，而阴阳师的推断与说明能够在多大程度上符合现实以令委托人满意，这一点反映了阴阳师的技术与能力，也就是所谓的占验，换言之，问题并不在于占文的出典好坏。然而，假如将六壬式占视为基于中国传来的正规典籍而形成的一门学问的话，使用不良写本确实会造成以讹传讹。

《续古事谈》第五话中有如下故事：安倍晴明与贺茂光荣就谁更受贺茂保宪宠爱发生了争论，两人都以自己从贺茂保宪处得授《百家集》为论据，主张自己才是正统的继承人。在现实的教科书问题中，安倍氏并未从贺茂保宪处获得《黄帝金匮经》的正本，可以说是受到了贺茂氏的不公对待，这也说明学术的家学化有时是要将弟子也作为竞争者排挤在外的冷酷之事。

《续故事谈》中对晴明的评价是"晴明乃术法之物，才觉非优长"，也就是说晴明虽然擅于咒法，在学才上并不优秀，反过来想，这或许也展现了安倍晴明为了挽回在教科书方面的不利形势而专心磨砺咒法技能的一面。晴明铸造灵剑的问题，正是以两氏的这一关系为背景产生的。

灵剑铸造的观点

村上天皇在位期间的天德四年（公元 960 年）九月二十三日夜里，发生了迁都平安京以来第一次内里火灾，以安置于温明殿（内侍所）的神镜为首，诸多累代传承的宝物都被烧毁。其中就包括据传是百济献上的护身剑（一名守护剑）与破敌剑（一名将军剑，或是三公战斗剑）两柄灵剑，据说这两柄剑上刻有日月之形、北斗七星、南斗六星、朱雀青龙白虎玄武四神与道教咒符等。关于这两柄剑，在成书于镰仓时代的词书《尘袋》中收录了两个互相矛盾的说法，一个是天德四年烧损之后命令安倍晴明重新铸造之说，另一个则是贺茂保宪于新造灵剑时举行了五帝祭的传说。

然而就这件事情，安倍晴明本人在天德的火灾发生近四十年之后的长德三年（公元 997 年）五月与藏人藤原信经对话时，曾经给出如下回答（长德三年五月二十四日《藏人信经私记》，《中右记》宽治八年十一月二日条所引）：

长德三年五月廿四日藏人信经私记云，遣召主计助安倍晴明，召问宜阳殿御剑等事。

申云：件御剑四十四柄也，去天德内里烧亡之日，皆悉烧损，晴明为天文得业生之时，奉宣旨进勘文所令作也。四十四柄之中，二腰名灵，一腰破敌，一腰守护。但件剑有镂之岁次并名等，又同镂十二神日月五星等之体也，而烧损之后不见其文，仍所献勘文也。御剑样乃本形也，件破敌是遣大将军之时所给节刀也，一腰是名守护；候御所是也者。去天德以后度度烧亡之后，未被作，件二腰本是百济国所献云云。今日取遣剑身六柄之中，灵二腰之实有其实。件灵刀等国家大宝也，必可被作储者。天德奉敕，以备前国选献锻冶白根安生令烧，其实其高雄山也者。七八月庚申日必可作此剑者，其故仰造酒令史安倍宗生等也。今年八月廿六日是庚申日也，然而已为九月节，又日次不宜，明年七八月庚申日可被始作欤。

收录这条史料的《中右记》是右大臣藤原宗忠的日记，宽治八年（公元 1094 年，嘉保元年）十月二十四日堀河院内里烧损，安置于温明殿的节刀收纳柜也同时烧毁。十一月二日藤原宗忠点检烧损的剑时，发现了刻有铭文、云形、四神图等的两柄灵剑，在这一天的日记里，作为与灵剑相关的信息之一，引用了记载有百年前安倍晴明观点的《藏人信经日记》。晴明的观点可以总结为如下几点。

（1）由于天德四年（公元960年）内里发生的火灾，烧坏了四十四柄御剑，当时还是天文得业生的安倍晴明得到村上天皇的宣旨提交了勘文，负责制造御剑。

（2）在这些剑中有两柄分别名为破敌剑、守护剑的灵剑，其上镂刻有铭文、十二神与日月五星，两剑被火灾烧毁后不见踪迹，晴明就此也提交了勘文。

（3）破敌剑是派遣大将军时下赐的节刀，而守护剑则是安置于天皇御所之内守护天皇的灵剑，两剑都是当年百济国进献之品，是国家重宝。

（4）天德时，备前国锻冶师白根安生奉命铸剑，铸剑地点是高雄山，同时造酒令史安倍宗生也得令必须在七八月的庚申之日铸剑。

晴明提到"去天德以后度度烧亡后，未被作"，说明当时铸造好的灵剑似乎之后又因为内里火灾而烧毁，因此他列出了自己当初的业绩，强调再度铸造灵剑的必要性。暂时不管这一问题，只关注天德四年的情况的话，晴明的证言是灵剑烧毁之后村上天皇下旨让当时还是天文得业生的自己勘申灵剑的图谱并负责铸剑。

但仍然有两个疑问，那就是为何《尘袋》中会记载贺茂保宪举办了灵剑新造时的五帝祭之说，以及在身份秩序严格的古代，天皇是否会跳过阴阳寮内的阴阳头与博士等长官而给当时还只是学生的安倍晴明直接下达敕命的问题。

读《大刀契之事》

　　近年来，学者发现了与安倍晴明的这一观点有着直接关系的文书，那就是安倍晴明的子孙们代代相传的名为《大刀契之事》的文书（本文书附载于京都府立综合资料馆若杉家文书《反闭作法并作法》之内）。大刀契是安置于宫内的节刀、关契的总称，这份文书内记载了灵剑所有的咒力、剑上所刻的星象与四神的内容、造剑的年月日与工匠名、为剑赋予灵力而举行的镇祭也就是五帝祭的祭司名等具体内容，是一份主张安倍晴明在天德四年内里火灾之后于翌年应和元年六月重新铸造了烧毁灵剑的文书。

大刀契之事

（镰仓时代末期的写本，若杉家文书，数字为行数）

1　大刀契之事

2　五帝三公　护身剑　南斗　北斗　日形　月形

3　七星南斗　　　　　朱雀　青龙　玄武　白虎等

4　四月乙巳〇〇〇日储物具。

　　　　　　　　将军剑　三公五帝　南斗　北极　北斗

5　七月庚申日申时造。白虎　青龙

6　若无庚申日者待有岁造。

7　五座祭　西王母兵信（刃）符

8　天者〇〇符（老君破敌符？）

9　革命前令烧失征也。

10　天德五年〔应德（和）元年辛酉岁〕六月二十八日庚申七月节申时造灵剑。

11　二柄　一柄仁，一柄义。

12　置此剑之所，万鬼散之　仁剑者天子之所带。邪鬼悉伏，疾病除愈，寿命

13　延长，万福无极。

14　义剑者将军之所持也。怨敌皆伏，当者折摧。

15　敌者不起。

16　敕使　主殿权助藤原为光

17　祝　天文博士贺茂保宪

18　奉礼　天文得业生安倍晴明　々々（晴明）即造也。

19　祭郎　历得业生味部好相

20　锻冶　备中国白银安见

21　铸物工　内藏史生葛井清泉

22　上造工　内竖安部字生

23　爱护山神护寺，临晓五帝祭了。经十一日

24　造了归京。各奉礼、祝以下，工部以上有敕禄也。

发现阴阳道

这份文书应当经历过多次书写，前半部分的字的位置发生了变化，有点难懂，因此接下来一边整理一边来看其内容（彩插26）。

从第一行到第五行的下方记载了护身剑（守护剑）与将军剑（破敌剑）上镂刻的日月形与北极星、北斗七星、南斗六星等星象，朱雀、青龙、玄武、白虎四神，以及三公五帝等图样。第七、八行的"西王母兵刃符"与"老君破敌符"想必也是刻在灵剑上的道教系护符。西王母是道教的女神，而老君则是神格化后的老子。

第十行则记录了铸造灵剑的时间是天德五年（改元后为应和元年）六月二十八日的庚申日（七月节）的申时。从次行开始则说明护身剑（仁剑）与将军剑（义剑）所具有的灵力。护身剑能够为天皇降服恶鬼、除病护身，将军剑则是由将军所持，具有能够打倒怨敌也就是朝敌的力量，守护剑、破敌剑的别名也由灵剑的技能而来。

从第十六行开始记载了灵剑铸造的参与者，首先是奉天皇敕命派遣而来的敕使藤原为光。另外，铸造灵剑时需要祭祀天神，将其灵威融入剑内，因此需要举办五帝祭，这里还记载了祝、奉礼、祭郎等祭祀要员的名字，其中天文博士贺茂保宪担任了祝，而天文得业生安倍晴明则担任了奉礼。

从第二十行开始，则是锻冶工人等技术人员的名字，包括负责铸造灵剑的备中国锻冶师白银安见，铸物工内藏史生葛井清泉，上造工内竖安部字生等。白银安见与安部字生与此前《藏人信经私记》中所见的白根安生、安倍宗生相对应，想必不知是哪一方出现了误写。第二十三、二十四行则记载了铸造灵剑的位置是爱宕山神护寺，也就是高雄山神护寺，以及在五帝祭之后，结束了为期十一天的灵剑铸造归京之时，村上天皇赐给参与者敕禄之事。从整体上看，这份文书将晴明在长德三年时的发言写得更为具体了。

这一文书是镰仓时代末期的写本，但是在此后还会介绍到，在安倍晴明的嫡系安倍淳房写于延庆三年（公元1310 年）的文书里提到，有安倍晴明自笔的名为《大刀契五帝祭事》的文书流传下来，从名称上来看与这份《大刀契之事》应是同一文书，如此一来，这份文书应当可被视为晴明亲笔文书的抄本。

保宪举行五帝祭的意义

五帝祭与灵剑的锻造需要同时进行，说明当时的人们认为，通过这一祭祀能够劝请三公（天地人三皇，或是中国上古创世神话中的伏羲等三王）五帝（东方苍帝、南方赤帝等五方五帝，或是黄帝、颛顼等五位上古圣皇）等天上的神明降临，通过将其灵威纳入镂刻有北极星、北斗七星、南斗六星等星神与四神的剑内，才能形成真正的灵剑。因此，铸造灵剑的责任人其实并非工人，而是在工人之上负责祭祀的人。

在敕使藤原为光的监督下举办五帝祭的是祝——天文博士贺茂保宪、奉礼——天文得业生安倍晴明、祭郎——历得业生味部好相等人。祝是向神宣读祭文、请神降临的祭祀主角，奉礼则负责祭祀场所的铺设与仪式的进行，祭郎则是负责供物调配的职务，因此安倍晴明与味部好相是保宪的副官。从官职来看，保宪曾任阴阳头并且是现任的天文博士，如前所述，他是阴阳道、历道、天文道的首座，两位天文得业生与历得业生相当于他的学生，可知灵剑铸造应当是以贺茂保宪为中心进行的。

然而在文书第十八行晴明之处，以明显是追记的形式写有"々々（晴明）即造也"，说明晴明是实际制作人。而在第二十四行从村上天皇处接受敕禄的顺序也是奉礼在前、祝在后，可以看出强调安倍晴明功绩的明显意图。换言之，这与长德三年时安倍晴明的发言一样，极力主张自己奉旨负责制造灵剑。

然而，镰仓时代安贞二年（公元 1228 年），收纳大刀契的箱子一度消失，为此当时负责太政官事务的小槻季继受命调查过去的事例，发现了村上天皇的日记《村上天皇御记》中曾经提到"命贺茂保宪铸造"之事（《左大史小槻季继记》安贞二年正月十一日条）。既然如此，那么很明显当时的负责人是天文博士贺茂保宪，结果事实应当是在灵剑烧毁的次年，也就是应和元年（公元961年）六月，贺茂保宪奉命举行五帝祭后铸造灵剑，当时晴明还是保宪的弟子，也在保宪的领导下参与了铸造之事，到了晚年他确立了阴阳道第一人的地位之后，开始夸大其词，将此归为自己的功绩，并留下了记载当时之事的名为《大刀契之事》（又或是《大刀契五帝神祭》）的文书并传给了子孙后代。

《续群书类从》中收录的《安倍氏系图》中引用了镰仓前期的阴阳头安倍维范的《维范记》，其中提到晴明在应和元年已经就任阴阳师，这一点在前文曾经提过，想必正是由于铸造灵剑的褒奖而得到的晋升。此外，安倍氏内流传的成书于镰仓前期的《阴阳道旧记抄》中提到，晴明当时已经是阴阳师，并因为勘申灵剑图样的封赏而超越了职位在他之上的三人就任阴阳属。由于康保四年（公元967年）时安倍晴明仍然还是阴阳师，可以确认这一点是误传，但是反过来也可以说明，在保宪的领导下参与灵剑铸造工程，是安倍晴明出世的重要原因。

内里在此之后也经历了多次火灾，每当宝物焚毁时安倍氏与贺茂氏就会再次爆发关于灵剑铸造的争论，安倍氏的子孙利用《大刀契之事》的存在强调安倍晴明的功绩。子孙们继承了晴明的观点，这构成了与贺茂氏相对抗并夸示自家是凌驾于贺茂氏之上的阴阳家的精神基础。

同时，在镰仓时代后期成书的贺茂氏著作《文肝抄》中提到，晴明直系子孙季尚上奏要求根据晴明当年的先例举行五帝祭时，贺茂氏的阴阳师们对此进行批判，认为"极虚诞"，主张晴明只是以副手身份参与此事，对安倍氏的主张完全否定。两家的争论说明，守护天皇与朝廷的灵剑的铸造与祭祀，是与两氏作为阴阳家的立家根本有关的问题。

晴明之家在哪里？

安倍晴明生活、活动的据点，换言之，他的家在哪里呢？首先能够想到的是现在被宣传为晴明故居遗址的晴明神社，它位于现京都市上京区晴明町的堀川路上，但是这一说法其实是近世以来的传言，并没有很长的历史。晴明神社位于一条大路以北、堀川小路的延长线上，是平安京的北郊外，据近世成书的《山城名胜志》（三），洛阳部中有"晴明宅。今按，在堀川西、一条北、晴明町"，晴明神社社传里则说此处是在晴明去世两年后的宽弘四年所建。然而，晴明神社之所以在此处，应当与其南部的一条戾桥，也就是一条大路上横跨堀川的桥有关。

自平安时代开始，这座桥就被视为区分京都内外的分界线，同时作为此世与彼世交错的宗教性灵场之一也十分知名，《今昔物语集》《撰集抄》《平家物语》等书中都流传有此地有鬼出没或是死者由此复生的故事。此外，此处也是举行桥占的场所，《义经记》里曾提到在一条堀川附近住着一位名为鬼一法眼的民间阴阳师。中世之后，随着晴明传说的扩散，声闻师作为民间阴阳师，多在自己住处附近修建晴明塚、晴明庙等，而晴明神社应该也是如此，由于其位置特殊，靠近所谓的阴阳界线，再加上安倍晴明传说的流传而最终形成的。

相较于此，成书于平安时代后期的《今昔物语集》与《大镜》中与晴明家相关的传说，出现在晴明去世约一百年之后，比起晴明神社的传说要早很多。

《今昔物语集》卷二十四第十六话"安倍晴明随忠行习道之语"可以说是晴明传说的起点，这一传说由三个故事构成。第一个故事是年幼的晴明跟随阴阳师贺茂忠行学习，在一次随着贺茂忠行夜行通过下京地区的时候，感知到前方有鬼怪，于是通知在车内睡着的忠行，忠行惊醒过来，使用咒法隐去自己与侍从的身形，在千钧一发之际逃过一劫。

第二个故事是忠行去世后，晴明在"土御门以北、西洞院以东"的地方修建自宅的时候，一位老僧（播磨国的阴阳师智德法师）以式神化为两名童子随行，偷偷前来与晴明比试术法，晴明看穿了其目的，通过咒术隐去童子，并将老僧收为自己的弟子。第三个故事是在广泽的宽朝僧正坊中，年轻的公卿与僧侣煽动晴明操纵式神使用咒法，于是晴明念咒丢出草叶杀死了一只蛤蟆，惊吓到了公卿与僧侣。这三个故事中，无论是晴明能够见到鬼，还是能够自由自在地操纵式神，都是为了说明晴明拥有异能。

但是需要注意的是，在这些故事之后还提到晴明当家中无人的时候会命令式神负责防雨窗与门的开关等种种不可思议之处，更提到了晴明之孙并未出仕，住在家传的土御门宅中，直到近来还能听到式神之声。也就是说，晴明所操纵的式神在晴明死后仍然停留在土御门家之内，土御门家被认为是十分特别的场所。

此外，在《大镜》卷一的花山天皇条目中也有如下故事。宽和二年（公元986年）六月，被藤原道兼等人煽动决定出家的花山天皇为了前往位于山科的元庆寺，于半夜离开内里朝向东方出行，途中经过晴明家门前时，正逢晴明通过天变感知到了天皇的退位，命令式神前往内里探查。于是花山天皇看见有目不可见之物（式神）打开屋门，见到了花山天皇一行，于是向晴明报告花山天皇一行刚刚通过。该书在这之后记述了晴明家的位置是"其家土御门，町口则御道也"，晴明与式神有关的灵验谈也以他家为舞台展开。如果将其与《今昔物语集》中晴明死后子孙也能听到式神之声的故事结合起来考虑的话，可以推测这些故事应当是继承了土御门家的晴明子孙传出来的。

据《今昔物语集》的故事，晴明的家在"土御门以北，西洞院以东"，而《大镜》则提到了"其家土御门，町口则御道也"的地点。其家之所以会被称为土御门家，也是因为这间房子直面土御门大路。土御门大路位于一条与二条之间，西边直承大内里的阳明门，东边则有高阳院、鹰司殿、土御门殿等摄关家的大宅邸，是连接京城东西的一大干道。西洞院大路及其东边的町口（町尻）小路则是南北纵贯左京的道路，据此可知晴明的家位于土御门大路之北、西洞院大路与町口小路之间的一町之内，换言之，是平安京的左京北边三坊二町之处。

然而，这些毕竟只是说话故事和历史物语中的记载，并不足以断定晴明家的位置。而关于占地面积，也很难相信晴明这种诸道官员能够在京中一等地的土御门大路上拥有共计一町的大宅邸，这是因为贵族官员的宅地受到其位阶的限制，三位以上的上级贵族才被允许有一町以上的宅地。长元三年（公元 1030 年）的公卿会议上曾经提到诸国国司的住处原本不能超过四分之一町，而近来却有人开始修建一町规模的宅邸，因此下令禁止（《日本纪略》四月二十三日条）。晴明的阶层与诸国国司一致，由此也可推测晴明家的面积应该在四分之一町左右。

长承元年的领地论争

那么接下来，就通过更为精确的史料，来考证晴明家的位置与面积问题。

长承元年（公元 1132 年）五月十五日的公卿会议上，与晴明领地有关的诉讼成为议题之一。诉讼的当事人双方都是晴明的五代孙，分别是当时二十三岁的右京亮安倍泰亲和当时四十七岁的权天文博士安倍兼时（后改名晴道）。参加了这场会议的藤原宗忠在《中右记》提到"土御门地相论事"，可知双方所争的是位于土御门大路上的晴明故居，也就是通常所说的土御门家。而源师时的日记《长秋记》则记载了双方的主张如下：

> 权天文博士安倍兼时，与右京亮同泰亲，故晴明领地祭庭论事。
>
> 泰亲诉申云，于件地六户主，自晴明时为祭庭所奉公家御祭也，至今二百余岁，他人不领知。就中舍兄政文死去时，以件地所分长男童，其理可然，而政文妻，以件地沽却他人，累代祭庭依非可为他领，注子细申闻，随可停止沽却之由，宣旨已下了。而兼时买取件地欲居住，已是违敕者也。尚任前宣旨，被停止沽却，欲守护件地者。

兼时申云，件地非祭庭，晴明已后男女子传领，其旨见次第分契，兼时一门同时氏长也，随得泰行让，何于领知可有其妨云云。

首先来看泰亲的主张，由此可知晴明传给子孙后代的土御门家地共有六户主。户主是平安京时期的面积单位，一町共有东西四行、南北八门，因此共是三十二户主。一户主东西十丈（约三十米）、南北五丈（约十五米），面积约为四百五十平方米，六户主则是两千七百平方米，相当于约八百二十坪。如前所述，国司宅邸的限制是四分之一町，也就是八户主，考虑到土御门大路这一地理位置，晴明的六户主之地可以说是很大一笔财产了。

这片土地由晴明传给子孙，原本应当经由安倍政文传给长男泰行，这与晴明—吉平—时亲—有行—泰长—政文这一安倍氏嫡系相传是符合的。然而，这时的泰行年纪尚幼，政文的寡妻决定将土地卖给同门的安倍兼时，这时安倍政文的弟弟安倍泰亲以当年的宣旨为武器表示反对，主张自己要保护这片土地。而兼时则主张这片土地并非天皇的祭庭，因此这只是单纯的买卖关系，而自己是安倍氏之长，所以这次土地买卖不存在问题。

公卿会议上，在朗诵了双方的陈诉状之后，明法道提出勘文，确认了这片土地确实如兼时所说并非祭庭，同时

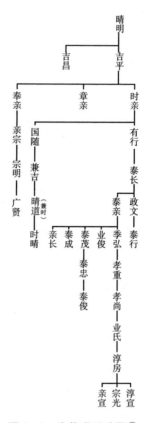

图 5 – 3　安倍世系略图②

也尚未经历二百年（从安倍晴明去世之年计算，共一百
二十七年），指出安倍泰亲存在虚假申告的问题；同时提
出，这一买卖手续虽然在法律上没有问题，但是还有若干
疑点，如已经有了禁止这类土地买卖的宣旨等，并进一步
记载了公卿们各自的意见。不过，日记最后没有记载这一

事件的结果，但是从后世的情况推断可知，泰亲的主张得到了承认。

土御门家在哪里？

这么一来可以确定，晴明的旧宅土御门家是土御门大路边上面积为六户主的房子，在晴明去世后由嫡系代代相传，那么这一位置具体又在哪里呢？为了明确这一点，我们需要用到成书于镰仓时代的百科辞书《拾芥抄》中所附的《东京图》，这幅地图在左京北边三坊二町的区划（也就是《今昔物语集》与《大镜》中提到的晴明家所在地）中，写有"泰亲、清道"的名字。这两人正是前述长承元年争论的双方——安倍泰亲与安倍兼时（清道显然是晴道的误写），由此也可以确认晴明家位于左京北边三坊二町之内。那么接下来，晴明的六户主之地又在这一町三十二户主之内的哪一部分呢？以下也有相应材料可以考证这一点。

在争论过去约半个世纪后的治承四年（公元1180年）二月十日，京都发生了火灾。据中山忠亲的《山槐记》及九条兼实的《玉叶》所载，火灾发生在土御门北町的西半町，起火点是安倍泰茂的家，结果导致安倍泰亲、时晴、季弘、业俊等人的房屋都被烧毁了。遭到火灾的这些人里，安倍泰亲是季弘、业俊、泰茂之父，时晴则是已经去世的安倍兼时（晴道）之子。由于火灾发生在

发现阴阳道

土御门大路北侧町的"西半町",可知他们家位于左京北边三坊二町的西侧,而晴明家是面向土御门大路的,那么就如图5-4所示,可以推定这一町的西南角的六户主是安倍晴明之家,也就是"土御门家"。

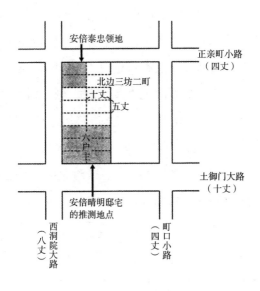

图5-4 安倍晴明宅邸的推测地点
(左京北边三坊二町)

这个位置现在是上京区西洞院上长者町的上长者町路与西洞院路交叉口东北的民家及其背后京都布莱顿酒店的停车场(图5-5、彩插28)。如前所述,当时三位以上的公卿才被允许拥有占地一町的宅邸,国司则只能有四分之一町,也就是八户主的面积。晴明的阶层相当于国司,六户主比起上限还要少一点，但是土御门大路沿线之地西接大内里，东邻摄关家的大宅，是京内高贵的一等地，虽然面积只有六户主，对于身为下级贵族的晴明而言也是一笔相当大的财产。他获得这片土地大概是壮年之后的事情，而他的住所位于连接内里与摄关家的政治要冲之地，也与他作为天皇与藤原道长的祈祷师的身份有很大关系。

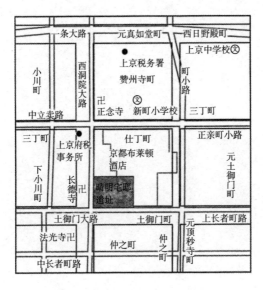

图 5 – 5 安倍晴明宅邸所在地复原图

资料来源：山田邦和制作。

此外，安倍氏的嫡系此后由泰亲继承（泰行此后不见于史料，据推测应当是早逝），晴明家也由安倍泰亲传给了他的长子季弘。然而，从火灾的相关记载来看，泰亲

发现阴阳道

另外的两个儿子以及与泰亲相争的晴道、时晴父子的家也在西半町内。据安贞二年（公元 1228 年）权漏刻博士安倍泰俊的让状①可知，他的养父阴阳头泰忠领有"正亲町、西洞院角地两户主"的土地，这一土地据推算位于西半町的西北角，而泰忠则是安倍泰茂之子，想来治承四年的火灾的起火点正是此处。

---

① 平安中期以后，将所领与财产让渡给子孙等时用于证明的文书。

第六章　晴明传说的形成

一　晴明传说的世界

成为阴阳师的代名词

自从平安时代阴阳道形成之后，历史上曾经有过多位活跃的阴阳师，为何其中只有晴明的传说流传下来，并出现将大量阴阳师的形象收敛集中到晴明一个人身上的现象呢？这可以从晴明作为阴阳师的名声、晴明的子孙长年以阴阳道主流的身份活动，以及人们对阴阳师的兴趣等多方面做出解读，本节主要从晴明子孙的活动来考虑晴明传说化的背景。

阴阳师的职务是占卜以求未来吉凶，行祓术以祛除鬼神作祟等，因此常被认为有着常人所没有的特殊能力，为此，对于喜好怪异故事的说话这一文学类型来说，阴阳师是个非常好的选题。在上一章已经见到，在晴明去世约一百年后的平安后期成书的《大镜》与《今昔物语集》等书中，晴明就开始以咒术卓越的阴阳师形象登场，能够通过天变推算出天皇的退位，识破鬼神，自由操纵式神，行泰山府君祭对调高僧与其弟子的寿命，等等。但是不能忘记的是，《今昔物语集》里还有除了晴明之外的滋岳川人、弓削是雄、贺茂忠行、贺茂保宪等阴阳道名人与大量的民间阴阳师出现，晴明只是这些阴阳师众生相的其中之一。

而到了镰仓时代之后，晴明则成了阴阳师的代名词。《今昔物语集》中改换寿数的故事发展成为《宝物集》卷四与《发心集》第六之中的"泣不动"传说，更被绘入《不动利益缘起绘卷》（东京国立博物馆所藏）和《泣不动缘起绘卷》（清净华院所藏）。《宇治拾遗物语》卷十一之三再度提及晴明藏起老僧的式神与飞叶杀死蛤蟆的故事，同时还有新的故事出现，例如此前提到过的收录于镰仓时代前期的说话集《古事谈》卷六中的"犬告知道长危难之事"，就是安倍晴明从受到左大臣藤原显光委任诅咒道长的僧侣道摩（道满）手下保护藤原道长的故事，这一故事同样收录于《宇治拾遗物语》卷十四之十和《十训抄》第七等处。

《宇治拾遗物语》卷二之八"晴明封藏人少将事"，则是藏人少将被连襟五位藏人嫉妒，五位藏人雇用阴阳师放出式神试图谋害藏人少将的故事，但是晴明为藏人少将修行身固之法保护了他，同时还将式神反击回去，结果受雇的阴阳师因法术失败而亡。《古今著闻集》卷四术道九"安倍晴明占早瓜知有毒气事"，则是晴明通过占卜看破了由南都送给藤原道长的早瓜之中有毒的故事。由此可见，故事的内容越发丰富，同时人们对阴阳师形象的兴趣逐渐凝缩到了安倍晴明一个人身上。

《古事谈》卷六"晴明知花山天皇前生事"中则提到，晴明虽然是俗世之人，却也在那智山中经历了千日修行，同时前生也是名山大峰的修行者。这是将晴明的咒术能力归结于如修验道一样严格的山林修行的观点。而在藤原定家的日记《明月记》安贞元年（公元1227年）七月二十八日条里则有如下故事：安倍家弘虽然生于阴阳道世家安倍氏中，但由于父亲早逝失去了庇护，于是发愿在那智山内结庐修行，登上三泷，每天行三千三百三十次拜礼，夜里则睡卧在砂土之上，在进行这些苦修的同时还发愿书写五部大乘经，最终成为修行者。据说其祖先晴明也经历过这样的苦修。

从这个故事来看，容易将阴阳师的修行之法简单等同于修验道的山林修行，但是不能忘记的是，虽然世袭化进程日益加深，像贺茂氏与安倍氏这样的阴阳师仍然是阴阳寮的官员，拥有博士与学生组织，负责知识与技能的教育与传授，是服务于朝廷的贵族官员。两氏同时分别也是历法与天文的专家，其学习方法同时也是家业继承的问题。祓与反闭等咒术、占术和种种祭祀也和造历法、天文术一样，是需要在长幼、师徒之间传承的技术。

化生之人安倍晴明

据镰仓幕府的记录《吾妻镜》治承四年（公元1180年）十月九日条记载，击退平家一方诸多势力的源赖朝经由下总国、武藏国进入镰仓，由于为他修造的御所尚未完成，因此暂时居住在知家事兼道位于山内的宅邸之中。选择这一宅邸的理由，是此处安置有"晴明镇宅之符"，因此自从正历年间（公元990～994年）修建以来，至今尚未遭遇过火灾。这个故事可以说是王朝文化向东国传播的一个环节，是晴明的威名与阴阳道一起在地方的武家社会中也扩散开来的表现。此后，阴阳师安倍晴明的形象继续膨胀，《平家物语》与《源平盛衰记》等军记物中也记载了他的传说，到了室町时代，晴明则在《大江山绘卷》与谣曲《铁轮》等作品里登场，在物语与艺能等领域也开始展现其影响力。

从室町时代开始，阴阳道逐渐渗透民间社会，这主要是由于民间阴阳师与声闻师的活动，他们定居在都市内或是在各地漂泊流浪，经常受到歧视与排挤，为了提高自身权威而将安倍晴明奉为始祖，在各自的活动地区留下象征晴明曾于此处居住或来访的晴明塚、晴明井、晴明桥等传说，又或是修建祭祀晴明的神社，等等。

与这些信仰一起，将阴阳师安倍晴明的名声推广开的，是假托安倍晴明之名所著的历注书《簠簋内传》（正式名称是《三国相传阴阳輨辖簠簋内传金乌玉兔集》，成书于日本的南北朝时期至室町幕府前期之间）的普及。这部书在世俗性的历注解说上是近世的《大杂书》《三世相》等日用书籍的先驱。其序文中有如下关于清明（晴明）的物语，内容十分破天荒。清明入唐从伯道上人处得授《金乌玉兔集》，但是其弟子道满与其妻私通，获得了这部书的抄录，清明察觉此事后与道满争论，却在争斗中败北，被道满斩下首级。但是，察觉到了异变的伯道上人渡来日本，在复活清明的同时也取下了道满的首级。

安倍晴明先是作为拥有异能的阴阳师为人传颂，接下来更在传说故事中成为非人之物。禅僧瑞溪周凤的日记抄本《卧云日件禄拔尤》应永二年（公元 1394 年）十月二十七日条中提到以下两个传说。一是晴明因在天王寺听到鸟的对话而知道了天皇的病因，治好了天皇，从而成为天下无双的著名阴阳师；二是晴明无父无母，是化生之人

（变化而成之人），他的庙在奥州。成书于室町时代末期的《簠簋抄》（彩插29）是《簠簋内传》的注释书，将上述传说衍生开来，认为晴明住在常陆国猫岛，他的母亲是化生之人，本体是摄州信田森林中的一只狐狸。猫岛至今还有晴明传说流传，而信田则是《泉州历》的产地，这两地都是民间阴阳师的活动根据地。

到了江户时代，被认为是浅井了意所作的《安倍晴明物语》于宽文二年（公元1662年）刊行，其中整理了传说中的安倍晴明形象。在这些传说的影响下，出现了以狐狸母子分别为主题，名为《信田妻物》（『信田妻もの』）的近世演剧剧本、古净琉璃《信田妻》（『しのだづま』）等作品；后来，竹田出云所作的义太夫节《芦屋道满大内鉴》（『蘆屋道満大内鑑』）于享保二十年（公元1735年）被采纳为歌舞伎演出剧目之一；直到近代为止，安倍晴明在民间广为流传的形象，一直都是一方面有着占术预言能力，另一方面又以狐狸之子的身份掌握神通咒术的异能人形象。

说话故事之前的评价

以上就是平安时代末期以后，安倍晴明形象的变迁与膨胀的简史。历史上的安倍晴明确实长年以来是阴阳道的第一人，是一位有着领袖魅力的阴阳师，但是从他于宽弘

二年（公元 1005 年）去世之后到十二世纪出现在说话故
事中，这一期间世人对他的评价又是怎样的呢？本节将通
过几个事例探讨这一问题。

长元三年（公元 1030 年）十月二十九日，关白藤原
赖通为法成寺内的五重塔举办供养仪式。当日是道虚日，
不宜外出，为此藤原赖通事先向藤原实资请教在当日举办
仪式是否合适，藤原实资告诉他这一天并不一定忌讳佛
事，并在日记里留下了"余忘晴明一家所申也"的记载
（《小右记》）。这段记载很短，也很难以理解，但是"晴
明一家"指的是安倍吉平等晴明的子孙，可以推断出他们
仍然频繁进行着阴阳师活动，这些活动对贵族阶层的日时
吉凶观念造成了一定影响。

另外，此前也曾经举过这个例子，《荣花物语》第十五
卷中提到，长德四年（公元 998 年）前后藤原道长病重时
曾令安倍晴明与贺茂光荣占卜，并接受了两人的建议进行
了迁居，这被视为病体痊愈的原因之一，其中给出了"阴
阳师中的（安倍）晴明、（贺茂）光荣等人，仙风道骨，
劳苦功高，占卜灵验"的评价。在将两人并称这一点上，
大江匡房的《续本朝神仙传》也是如此，在列举活跃于一
条天皇时代的各阶层代表者时提到"阴阳则贺茂光荣、安
倍晴明"，反而是将贺茂光荣置于安倍晴明之前的。

此外，在本书开篇中介绍过的文章博士藤原明衡

（公元 1066 年没）所撰《新猿乐记》里，并未提到安倍氏，而是以"贺茂道世"这一虚构人物为代表介绍阴阳师的职务。十一世纪中期贺茂氏中取"道"字为名的阴阳师辈出，例如道清、道言等，因此"贺茂道世"这一名字可以说会让任何人都联想到阴阳师。

由这些例子可以看出，在几乎整个十一世纪内，世人确实承认安倍晴明是一条天皇与藤原道长时代著名的阴阳师，但是贺茂光荣等贺茂氏阴阳师也是如此，在这时还很难看出此后的说话资料中常见的那种与人世相隔绝的安倍晴明形象。

所谓式神

提到晴明时还有一个不能回避的问题，那就是式神（有的材料中也写作"识神"或"职神"）。绘制于十四世纪的《不动利益缘起绘卷》（彩插 18）中描绘安倍晴明举行祭祀的场面中，或是制作于十四世纪末的阿倍王子神社所藏晴明画像中都描绘了样貌独特的式神形象，这与说话故事一起，酝酿出了安倍晴明驱使式神的形象（彩插 30）。

式神与密教的验者在祈祷时通过法力展现的用来束缚、驱赶物怪的护法童子相似，是阴阳师通过其咒术能力役使的鬼神或是精灵一类。在《今昔物语集》的故事中，老僧的式神化为童子二人的形象，而晴明在家中役使的式神则是有声却无形的，《大镜》中也提到其为"目不可见之物"。《源平盛衰记》卷十中则提到，职神（式神）是十二神将，因为晴明的妻子害怕其容貌，因此晴明将其藏在一条戻桥下，只在有事之时召其前来，因此在一条戻桥行桥占之时，式神会借人之口展示善恶。除此之外，式神还可以自由变幻样貌，完成阴阳师赋予的使命，有时还能用于诅咒等。

　　关于式神的起源与由来尚有许多不明之处，但是起源于阴阳师操纵的六壬式盘的神格，也就是十二天将与十二月将的可能性很大。道教经典《太上六壬明鉴符阴经》卷三中列举了种种咒符的书式与制作方法，其中十二月符则是对六壬贵神（人）、腾蛇、朱雀、六合、勾陈、青龙、天后、太阴、炫舞、大常（裳）、白虎、天空十二天将念如下咒文"十二神君，能破贼寇，能匿隐兵，能入万众，使不闻声。当吾者死，视吾者盲，急急如律令"之后，按照特定法则画十二张符，则在百日内有灵验的咒法。如此这般，驱使式盘上的诸神护身的想法与咒法，想必与占术一起传入了日本。

　　此前也曾引用过《小记目录》这一史料，在其长保二年（公元1000年）五月八日条中有"左府所恼，式神所致云云事"的记载，也就是说，人们认为左大臣藤原道长的疾病是式神所致。次日发现了诅咒所用的厌物，可以推测当时的流言是有阴阳师通过术法放出式神，使得藤原道长患病。但是与式神有关的确切史料只有这一条，其他则多出现于文学作品之中。《新猿乐记》里提到，阴阳先生贺茂道世能够"进退十二神将，前后三十六禽，仕式神，造符法"，可见到了十一世纪中期，普遍观念中已经认为有才能的阴阳师能够役使式神了。

《枕草子》第一百八十四段中，被中宫定子以戏言询问忠心的清少纳言回赠了一首和歌，并附言道："式神也一定会为我证明清白。"即她可以请式神为证，向天地神明发誓证明自己的清白。这种说法与阴阳师的术法无关，或许是将式神视为判断吉凶是非的式盘上的神灵。此外，成书于十一世纪前半期以前的《将门记》记载了平将门之乱的经过，其中提到朝廷震惊于将门的叛乱，施行了各式各样的调伏祈祷之法，其中就有"社社神祇官祭顿死顿灭之式"的记载。诸注释都将此解释为让阴阳师役使式神行诅咒之法，但是原文中只提到了令诸社神祇官进行祭祀，并没有一言半语提到阴阳师，因此这一解释尚有商讨余地。

晴明的形象与式神

承久元年（公元1219年）成书的《续古事谈》第二

中提到，左大臣源高明于日暮时分退出内里回家，在路过二条大宫路口时，于神泉苑丑寅角、冷泉院未申角的墙内发现了三名身材高大的男子，他们偷偷观察大臣一行，随着开道人的呼声时而藏起时而露出自己的踪影。大臣见此，立刻命人清场，但当大臣一行正要经过墙壁之时，听到了他们呼唤大臣名字的声音。其后不久就发生了安和二年（公元969年）的安和之变，源高明在这次政变中被左迁为大宰权帅。据一位名为有行的阴阳师的说法，这是因为在神泉苑举办竞马时阴阳师埋藏式神后没有行解除仪式，所以式神之灵残留于此，即便到了故事发生之时，出行仍应当回避此地。

当官方举办竞马、相扑等有竞争性的活动时，按例需要阴阳师以"念人"（应援者）身份举办反闭仪式。如前所述，反闭通过念诵咒文劝请诸神，其中的四纵五横咒需要诵念朱雀、玄武、白虎、勾陈、帝后、文王、三台、玉女、青龙九神之名并切九字，需要注意的是，这九神中大多与六壬的十二天将重叠。附言一句，《续古事谈》中提到的有行应当是晴明的嫡系曾孙，即十一世纪中期的阴阳权助兼权阴阳博士安倍有行。此外，后文还会提到，成书于镰仓前期的安倍氏《阴阳道旧历抄》中记载，晴明驱使式神绘制了天德四年（公元960年）烧毁灵剑的图样。

发现阴阳道

如此一来可以看出，与式神相关的史料集中于平安中期，在后世的说话故事中则明显集中于安倍晴明与安倍氏周边，可以说几乎与安倍晴明一人有关，而在与贺茂氏相关的故事中则基本上看不到与式神有关的描写。在安倍晴明作为现役阴阳师活跃的时代，确实围绕着藤原道长出现了大量役使式神的诅咒事件，使得式神作为阴阳师等咒术师所使用的使役神一度受到关注。然而，在此之后并没有使用式神的事件，近年来与贺茂氏和安倍氏相关的史料开始逐渐明晰，但是其中除了《阴阳道旧历抄》中提到的传说之外也没有其他与式神相关的记录。

回顾《今昔物语集》卷二十四第十六话的"安倍晴明随忠行习道之语"中的描述，其中提到晴明让式神负责管理窗户与家门的开关，而晴明并未出仕的孙子住在家传的土御门宅中，直到近来还能听到式神之声。从文脉来推想，这个故事很可能是安倍氏的子孙为了强调晴明的咒术能力而传播开的。民俗学者中也有从役使式神这一点上寻求阴阳师本质特征的观点，但是从历史学角度来看，这一机能似乎并不能看作阴阳师的属性。

那么，将安倍晴明特别对待的观念究竟又是基于怎样的理由而形成的呢？下一节将探讨其背景。

二　另一个晴明传说

晴明子孙的立场

如前所述，平安时代末期，安倍泰亲继承了安倍氏嫡系，他与他的子孙，以及与泰亲争斗的兼时（晴道）及其子孙都住在晴明土御门家的周边，这一地区可以说是安倍氏的阴阳师町。那么，为何安倍晴明的子孙们要执着于这片土地呢？这个问题与前述式神之家的灵验传说也有关联，但是让我们先从平安后期的安倍氏，尤其是安倍氏嫡系在当时所处的情况及其动向开始看起。

安倍吉平继承了晴明的地位，先后担任了阴阳博士、阴阳助与主计头之职，于长和五年（公元 1016 年）与当年的安倍晴明一样得叙从四位下，时人对此的评价是"朝恩之至也。阴阳家为无比肩之者欤"（《小右记》正月八日条）。他于万寿三年（公元 1026 年）去世，享年七十三岁。由之前列出的安倍世系略图②可知，他有时亲、章亲、奉亲三子。时亲此后历任阴阳权助、权阴阳博士和主计头，在永承七年去世，享年五十一岁；章亲则在叔父吉昌去世后就任天文博士，此后升任阴阳头，似无子嗣；奉亲与兄长章亲同时就任权天文博士，其子孙亲宗、宗明与广贤皆就任天文博士，形成了安倍氏的重要支流。而嫡系在时亲之后，是有行与国随两兄弟，有行任阴阳权助兼阴阳博士，同时兼任了主税助，国随则先任阴阳博士，在兄长去世后就任阴阳头。从院政期到镰仓时代为止，安倍氏的有行、国随兄弟与前述奉亲的三支中诞生了大量的阴阳师与天文学家，极为繁荣。

但是，从阴阳道整体的形势来看，平安后期安倍氏被贺茂氏压倒。这一时期安倍氏内升任阴阳头的只有国随与泰长、泰亲父子，三人的在任时间总计不过约十三年，除此之外则都是贺茂氏占据着这一职位。而且，国随就任时其上还有主计头贺茂道言，泰长就任时其上也有主税头贺茂光平等位阶更高的贺茂氏阴阳师存在，可以说在整个平安后期，安倍氏在与贺茂氏的争斗中都处于下风。

火上浇油的是，安倍有行的嫡系也并不安稳。有行于永保四年（公元1084年，应德元年）去世，享年五十六岁，当时他的孩子泰长年仅十七岁，刚刚元服，不过是正式任官前的天文拟得业生。泰长于次年和堂兄弟兼吉（国随之子）争夺安倍有行去世后空出的权阴阳博士一职，最终似乎获得了这个职位，但是仍然很难升到五位，在宽治四年（公元1090年）到宽治六年间一直请求内大臣藤原师通帮助自己晋升。宽治七年，他申请了兼任空缺的权天文博士一职，却由于没有兼任两博士的先例而被驳回。如此这般，他在幼年时继承了安倍氏嫡系，为此不得不接近摄关家的藤原师通与其子忠实，通过侍奉他们以求得庇护，这时他采用的手段就是彰显先祖晴明的功绩，同时对此加以利用。

彰显晴明的功绩

关白藤原忠实的日记《殿历》长治元年（公元1104年）十月三十日条中提到，当天藤原忠实由于日时吉凶适宜，于是令泰长实施泰山府君祭，祭祀场所在泰长家中，藤原忠实自己则在祭祀期间穿着正式衣冠在自家庭院中行拜礼。十一月十六日条中则提到，藤原忠实的姑奶奶——太皇太后藤原宽子为忠实举办泰山府君祭，这时忠实也一直停留在自家庭院中，直到祭祀场所的使者前来告知祭祀结束。

这一次祭祀据推断也是在安倍泰长的私宅内进行的，这时藤原忠实在日记里写到"故御堂（藤原道长）御时，如此祭时必有御拜，晴明勤仕星祭时星下也"，并提到这些事情在文殿的记录中有记载。忠实将这一系列行为的先例追溯到先祖藤原道长与安倍晴明之时，这也是依据安倍泰长的进言。安倍泰长作为晴明的子孙中继承了土御门家的嫡系，为了获得贵族阶层的信赖，向摄关贵族们大力宣传晴明的咒术能力与阴阳道的故事，以及晴明私宅的灵验传说。

泰长于康和三年（公元 1101 年）兼任了雅乐头，同时于长治二年（公元 1105 年）将权阴阳博士一职让给了长子政文。这一年政文年仅十六岁，这可以说是安倍泰长基于自身幼年丧父而仕途坎坷的经历而做出的决断，希望能够让自己的孩子在年轻之时就继承阴阳寮内的要职，以求保证自家的安泰。泰长在此后的永久二年（公元 1114 年）就任阴阳头，此后升叙从四位上，于保安二年（公元 1121 年）去世，享年五十四岁。

泰长之后继承家业的是政文，这一时期的安倍氏嫡系尚且稳定，但是在三年后的天治元年（公元 1124 年），三十五岁的政文正值壮年却突然早逝，留下了年幼的嫡子（此后的泰行）与弟弟泰亲，但这时泰亲也不过十五岁，安倍氏嫡系再次陷入了生死存亡的危机。《医阴系图》所收录的《安倍氏系图》中，在安倍泰亲处有"十二岁而丧父泰长，十五岁而丧兄政文，仍晴通加首服教授当道事"的标注，这里的晴通指的是此后与泰亲争夺晴明故地的安倍兼时（晴道），可知泰亲是从他之处得授阴阳道与天文道的知识，并由他主持元服仪式的。长承元年（公元 1132 年）的争论发生时，安倍兼时主张自己是安倍氏一门的长者，也与两人的这一关系有关。

在这一次争论之后，泰亲似乎平稳继承了安倍氏嫡系，在被称为"恶左府"的藤原赖长的日记《台记》中频繁登场，为赖长提供阴阳道的祭祀服务。该日记久安六年（公元 1150 年）十二月二十五日条中提到，为了祈求所愿达成，赖长命令安倍泰亲在其私宅内举行了为期三天三夜的属星祭；久寿二年（公元 1155 年）五月十四日条也提到在泰亲私宅内举办为期两夜的泰山府君祭等。安倍泰亲与泰长一样，在私宅也就是晴明的故居中为显贵们举办各种祭祀。

此外，藤原忠亲的《山槐记》久寿三年（公元 1156 年，保元元年）二月十二日条中也提到了他委任泰亲行泰山府君祭之事，这时他在日记中写到"依有所思，向灵所之祭庭，及深更归毕"，这里的"灵所之祭庭"指的也是泰亲的私宅。这时需要注意的是，在长承元年围绕晴明领地发生的争论之中，虽然此地并不为明法道勘文所承认，但是泰亲主张此地是自晴明在世以来为天皇举办阴阳道祭祀的祭庭，而在诉讼告一段落之后，泰亲继续将这一"灵所之祭庭"的观念在贵族中加以宣传，并因此获得了贵族们要求在此地举办祭祀活动的委托。

泰长与泰亲彰显安倍晴明的功绩、将其故居宣传为灵场的目的可以说十分明显，安倍氏的先祖晴明当年曾经是贺茂氏门下的学生，平安后期之后他的子孙虽然成了与贺茂氏并称的两大阴阳家系之一，但是和贺茂氏相较，安倍氏在位阶与官职方面一直处于下风。为了解决这一问题，安倍氏的阴阳师们选择在贵族内进行这一彰显安倍晴明功绩的宣传。

尤其是继承了安倍晴明土御门宅邸的安倍氏嫡系子孙，将此地化为灵所，积极地在此为显贵举办祭祀活动，并通过这些祭祀活动主张自家作为阴阳师的正统性。围绕晴明故居而产生的种种灵验传说，正是在这一背景下形成的。

泰亲的人格魅力

传播安倍晴明传说的人，正是能够由此获得最大利益的人，也就是他的子孙后代，其中尤其是面临着存续危机的泰长与泰亲等人在传播中发挥了最为重要的作用。同时，也正是安倍泰亲通过化为灵所的土御门宅邸成功实现与王权的结合，以求得安倍氏的稳定。

泰亲在继承了安倍氏嫡系之后，由右京亮转任主计助，此后又兼任雅乐头与权阴阳博士，在仁平三年（公元 1153 年）兼任权天文博士，实现了其父泰长的愿望。三年后的保元元年，泰亲的长子季弘就任权阴阳博士，保元三年次子业俊就任权天文博士，分别继承了父亲的官职，这也可视为泰亲尽早将阴阳寮内主要官职让给子孙以保障其安身立命与家系安泰的措施。在此期间，泰亲本人也由权阴阳助升任大舍人头、大膳权大夫，并于寿永元年（公元 1182 年）四月成功兼任了梦寐以求的阴阳头一职，但此后很快就在次年九月出家并去世，享年七十四岁。

这一时期平家崛起，开始威胁到王权，在关东地方则有源氏蜂起，世道极其混乱，贺茂氏与安倍氏都有多位阴阳师在京内活动，其中泰亲是比晴明更具人格魅力的阴阳师，不乏各种奇闻逸事。

《平家物语》卷三"法印问答"之中提到，治承三年（公元 1179 年）十一月七日大地震时，泰亲痛哭流涕地向后白河院提交占文，告知这是重大凶事的前兆，年轻的公卿与殿上人纷纷嘲笑他，但是《平家物语》中则写道：

> 然而，这位泰亲乃是（安倍）晴明的第五代后裔，穷极天文之渊源，推条如指掌，无不灵验，被称为占术之神子。他曾被落雷直击，当时身穿的狩衣袖子被雷火焚毁，泰亲本人却毫发无伤。无论是上古还是末代，都没有像泰亲一样的人。

不久之后就发生了平清盛将后白河院幽禁在鸟羽殿内这一大事件。这次哭泣的上奏、被称为"さすの神子"

的占卜灵验，以及被落雷直击的故事在当时的贵族日记中都有记载，时人认为这是现实中发生过的事情。

泰亲作为阴阳师，是当时最高权力者后白河院的近侍，同时也接受他的庇护。在泰亲提供的系列服务中，最为重要的就是"每月公家泰山府君御祭"，也就是每月恒例举办的祈愿天皇安泰的泰山府君祭。而作为祭祀费用，后白河院给了泰亲诸多天皇家领下的庄园，他于晚年得到许可，将这些庄园分赠诸子，就目前所知，长子季弘继承了每月八日的御祭与纪伊国鸣神社的领家一职，三子泰茂则继承了每月十八日的御祭与近江国龙华庄下司一职，诸子分别继承了每月御祭的责任和庄园职位。

阴阳家安倍氏的自我意识

然而，如前所述，原本阴阳道的祭祀应该是在收到委托人邀请后前往委托人宅邸设置临时性祭坛举行的，随着阴阳道信仰的渗透，特定的贵族与阴阳师之间的关系逐渐紧密，同时一些定期性祭祀需要在每月或是每季固定的时间举办，结果这些祭祀开始多在阴阳师的私宅举办，泰长与泰亲的活动可以说也遵循了这样的趋势。

吉田经房的日记《吉记》治承五年（公元 1181 年，养和元年）六月二十九日条中提到，泰亲、季弘父子分别为安德天皇举办了玄宫北极祭与天地灾变祭，此后有人批判，认为他们将应该严肃进行的公家（天皇）祭祀放在阴阳师的住宅内举办，这是没有先例的事情，而这种事情是从前代高仓院之时开始的；从高仓院时期开始，换言之，这与泰亲从后白河法皇处受命进行"每月公家泰山府君御祭"有关。泰亲将晴明的故居土御门宅邸作为象征安倍晴明咒术能力之地，向贵族社会宣传这是"公家祭庭""灵所之祭庭"，而通过后白河院的关系，此地真正成了"公家祭庭"，这同时也成为泰亲证明安倍晴明与自己一家作为王权拥护者的正当性的手段。

泰亲的子孙、安倍氏的阴阳师们的正统性体现在晴明及其土御门宅邸上，这一点在家督继承仪式上也表现得十分明显。镰仓时代末期的嫡系子孙天文博士安倍淳房因为出家而于延庆三年（公元1310年）写下让状，令自己的两个儿子淳宣与宗光分别管理祭料所鸣神社的一半，同时将以据传是晴明亲笔写作的《大刀契五帝神祭》为首的文书交给了宗光。文书与典籍在传承家业时是不可或缺的知识财产，换言之，继承家督的人是宗光（彩插27）。

安倍淳房让状① （延庆三年让状，若杉家文书）
让与
一 文书事此文书奥端加判。所谓大刀契五帝神祭以下文书。曩祖御自笔也。

发现阴阳道

一　纪伊国鸣神社分半事（注记略）

右件社者，公家御祈料所也。淳宣朝臣与宗光可中分知行。敢自他不可有异论。五代之手继纶旨院宣等，所让与宗光也。以新田方为料足，每月八日泰山府君御祭可遂行之。……

延庆三年八月八日　　　　天文博士淳房（花押）

然而，宗光于其后去世，因此淳房在正和二年（公元1313年）又写了一份新的让状，将宗光继承的部分让给了被视为宗光之弟的亲秋。

安倍淳房让状②（正和二年让状，土御门家文书）

让与　纪伊国鸣神社半分并文书等事

合文车二两在文书目录，大略书也。又所撰让之家文书等也。

乘车二两　下人等

右件鸣神社者，自后白河院御代，为公家每月泰山府君御祭料所，泰亲朝臣令拜领以降，至于淳房五代相传也。而淳房遁世之时，淳宣朝臣与宗光朝臣可中分知行之由，申下院宣了。爰宗光顿病他界之间，限永领代让与主计助亲秋也。……云文书等，云家地于地者，本自灵石在之，公领也。非私领也。云鸣神社，一向可令领掌者也。……

　　　　　正和二年八月廿八日　沙弥〔淳房〕（花押）

主计助所

　　在第二次让状中，安倍淳房提到了"云文书等，云家地于地者，本自灵石在之，公领也。非私领也。云鸣神社，一向可令领掌者也"。换言之，继承家业的要件是以晴明亲笔文书为代表的安倍氏家传文书类、宅地、以公家的泰山府君祭料所名义成为家领的庄园等。而这块宅地正是嫡系相传的晴明故居，此地拥有象征灵所的灵石，同时由于公家的惯例祭祀在此举行，因此这里不是单纯的私宅与家领，而是被视为公领之地。

　　与宅地一起传给子孙的与晴明直接相关之物，就是在第五章中提到过的安倍氏文书的代表，即名为《大刀契五帝神祭》（《大刀契之事》）的文书。如前所述，这是安倍晴明亲笔写下的文书，主张在天德四年（公元 960 年）被烧毁的护身剑、破敌剑两柄神剑的重铸者是自己，因此可以说这份文书是安倍晴明自我彰显的象征，而对其子孙而言，这则是能够代表安倍晴明阴阳师活动的"起源神话"。因此这份文书既有着代表安倍氏文书的地位与意义，同时还是向子孙传递安倍晴明的验力与个性的遗产，是构成了安倍氏自我认同的基础之物。

另一个晴明传说

晴明之家在此之后，被泰长与泰亲宣传为灵所，成了晴明传说的根据地，与此相对，晴明铸造灵剑的传说却似乎没有广为流传。如前所述，实际情况应当是晴明之师贺茂保宪主导了灵剑的铸造与相关祭祀，因此这一传说未能普遍流传，或许是由于贺茂氏的主张更为强势。然而，这一主张在安倍氏内逐渐传说化。成书于镰仓前期的《阴阳道旧记抄》是记载了阴阳道内关于日时吉凶、占卜之术等内容的学说及相关出典与先例的备忘录性书籍，其中有如下记载：

天德四年内里烧亡，其度切刀卌二柄，为火灾成灰烬，后案如元造铸卌柄了后，今于二柄者，皆悉依不觉非造，而（安倍）晴明朝臣语式神云，若回神通造二柄哉。式神云，颇所觉也，可造。仍以造形进上之处，敕宣，忽以难必定，若烧失以前见御刀欤，将有样本欤。其时申云，晴明只今非造形，式神回神通所造也，敢不可狐疑。仍遣纸形于爱宕护山，七日七夜被造铸之间，大夫殿（安倍晴明）行事，仍此赏超越上臈三人，任寮属（元阴阳师也），主计头保宪朝臣镇二柄云云。

　　天德四年由于内里火灾而化为灰烬的节刀共有四十二柄，其中的四十柄都按照原样铸造了新剑，只有两柄因为不知道原来剑上所镂刻的图样而无法铸造。因此晴明命令式神运用神通术力画下图样并进献给天皇。天皇起初也曾怀疑其真伪，但是仍然命令大夫殿晴明为行事，在爱宕护山负责铸造灵剑。附言一句，由此可知晴明的子孙将晴明称为"大夫殿"，而如文中"主计头保宪朝臣镇二柄云云"一样，贺茂保宪举行灵剑镇祭的事实是难以抹去的。而晴明由于本次的封赏越过三名上位阴阳师升任阴阳属则是行文中的夸张，事实上他不过是从天文得业生升任为阴阳师而已。

　　《阴阳道旧记抄》是安倍氏子孙土御门家内相传之物，根据近年的调查可知，该书成书于镰仓时代前期，与泰亲之孙、著有《阴阳博士安倍孝重勘进记》并将其进献给后鸟羽上皇的安倍孝重，以及《养和二年记》的作者泰忠等人的活动时间相近。通过将晴明故居以式神所在之地的噱头宣传为灵所，借此成功实现了与王权结合的安倍晴明的子孙们，进一步根据晴明传下来的家宝文书，将象征着拥护王权机能的铸造灵剑之事归结于晴明能够自由操纵式神的咒法能力，由此产生了新的晴明传说。

终章　阴阳道批判的系谱

阴阳道的社会性、宗教性结构

阴阳师的存在方式多种多样，他们既是占卜师，也是知晓日时与方位吉凶的专业人士，同时还是咒术师，并且是执掌祭祀的专业人员。关于他们的活动场合，最初由于他们是阴阳寮的官僚，所以仅限于公务范围；但是随着阴阳道的形成，他们也开始为贵族提供私人性质的祭祀与祈祷；接下来，僧侣与民间咒术师也开始自称阴阳师，这使得阴阳师的活动领域扩张到了市井与地方上。

由于阴阳师如上所述很难以一个固定的定义加以理解，所以本书以阴阳道的基本形态固定下来的平安时代中期为止的时间段为主要对象，以历史过程为主轴，试图对阴阳道进行具体的探讨。接下来则将一边简单回顾本书到此为止提及的内容，一边探讨阴阳道的社会性。

　　阴阳道的理论起源于古代中国的阴阳五行说，但实质上的起源则是试图了解未然的吉凶与事物推移规律的占术、历法、天文等技术（术数）。中国历代王朝设置了太史（太史局）以垄断术数，日本律令国家也仿效于此设置了阴阳寮。阴阳道则是以阴阳寮为基础，于平安时代的九世纪后半期到十世纪之间形成的咒术性宗教。

　　但是阴阳道并非仅以术数、占术预测吉凶，它的形成以日本本土的神灵观念为基调，以律令制支配体系的衰退为背景。统治阶级将灾害与难以理解的异常现象解读为神灵的作祟与警告，由此危机意识高涨，人们期待阴阳道能够现实性地保护天皇及贵族不受这些威胁。换言之，阴阳道通过占术预测神灵作祟的原因与将要发生的凶事，同时提供祛除灾祸的祓与天地诸神祭祀，这是其独特的自我完善的功能。阴阳道的形成，就与这种为朝廷、天皇及贵族阶层提供护持的机能密不可分。

　　阴阳师的职务主要分为三部分：（1）占卜；（2）咒术与祭祀；（3）勘申日时与方位的吉凶禁忌。阴阳师通过占术尤其是对怪异与疾病的占卜究明神灵作祟的影响，而日时与方角神同样是神灵之一，因此通过勘申其禁忌以及祭祀、祓、反闭的机能，防止神灵作祟并祈愿现世中的福德与延命等事，这就是阴阳师主要的社会机能。换言之，阴阳道的基础是"应对神灵"，其消极的应对方式包括物忌、方忌、方违等回避手段，积极的应对方式则有咒术、祭祀等。

此外，阴阳师既是占卜师，同时也是能够祈愿除病息灾的咒术宗教活动家，他们的宗教活动也有其独特性。本来阴阳道并没有特定的宗教设施，祭祀主要是在雇主宅邸的庭院或是河岸边等室外设置棚、桌椅为祭坛，在其上安置御币与贡品，阴阳师则穿着束带衣冠的正装诵读祭文，根据祈愿目的的不同，祈求起源于道教与阴阳家学说的天地诸神的降临。由于所请的星神、鬼神、冥官等多数神明皆是黑暗中的存在，阴阳道的祭祀基本上都是夜祭。晴明的画像或是描绘祭祀场面的绘卷中能够看到松明火把也是出于这一缘故。换言之，阴阳道也有着夜型宗教的一面。

同时，由于阴阳道没有对于死后的展望与来世观念，所以其很大的一个特征是不为死者举办祭祀与追善供养。换言之，阴阳道是满足现世中人的愿望的宗教，由此也能看出阴阳道的社会性、宗教性结构特征。

九条兼实的哀叹

接下来，我想要介绍九条兼实的日记《玉叶》中的记载，其中正能反映阴阳道的这一宗教特性。在源平之争告一段落的文治四年（公元 1188 年）二月二十日，摄政九条兼实的嫡子内大臣良通突然去世，享年二十二岁。对于九条兼实来说，这等于是失去了将来的继承人，让他受到了很大的打击。据九条兼实后来的记载，由于自己处于意识混乱的状态，没能及时留下记录，此前几乎没有间断的日记从此中断直到五月九日为止，这期间发生的事情是后来向他人询问或是通过自己回想而补上的。

在这一年的二月二十日条中，他记下了对于良通的缅怀之情以及丧子之痛。其中的一节提到他丧失了在世间的期望，"于今者，永绝一生之希望，偏期九品之托生"，更提到了"其奈何方士之术，冥途可恐，只欲祈圆顿之教"，吐露了他厌恶方士之术的心境。所谓方士之术，在这里指的是祈求现世名利与长生的阴阳师所行祭祀与咒术，而圆顿之教则是宣传圆满无偏颇的成佛之道的天台宗究极学说。换言之，他说自己以后将不再用阴阳师之术求现世幸福，而专心向佛、皈依菩提。

至此为止，九条兼实作为摄关家的一员，为求自身的荣华富贵与家族繁荣，每当有事便令阴阳师举行祭祀，商讨日时与方位的吉凶；但由于最宠爱的儿子的去世，他感悟到了追求现世名利的空虚，从而开始否定阴阳师之术。

然而，从他复归公务的五月开始，他像往常一样利用阴阳师准备各种祈求延命和各种利益的阴阳道祭祀。在面临爱子之死这一绝望时，他对于不具备来世观念、无法救赎死后灵魂的阴阳道术法的态度是与现世一同厌恶而否定，但是当他背负起自家的权势开始面对现实生活时，阴阳师的各种术法对于九条兼实来说又是绝对必要的。不仅是九条兼实，阴阳道对于多数人来说，都是能够祛除现世灾难、求福禄成就的宗教，这一观念深入人心。

阴阳道批判的系谱——古代

不仅是九条兼实这种临时性的否定，对于阴阳道与阴阳师乃至其前身阴阳家与术数的怀疑与批判，在任何时代都有着一定的影响力。本书最后将涉及这一问题，由此考虑阴阳道的本质特性，以此作为本书的结尾。

其一是儒家对于占卜、阴阳、术数的合理主义立场，其由来甚为古老。第一章也提及《汉书·艺文志》里指出了阴阳家的长处与短处，认为如果由拘泥于未来的吉凶与禁忌的小人来行此术，则容易产生相较人事更重视咒术的倾向，而这会造成世间的混乱。司马迁在《史记·太史公自序》里也提到父亲司马谈评价阴阳家之术重视事物的前兆，多用禁忌，使人有拘束而多恐惧。日本古代的知识阶级经常引用的北齐刘昼的《刘子》中也对此做出了警告，指出轻薄之人运用阴阳术容易拘泥于禁忌、沉溺于术数；颜之推在《颜氏家训》中则说"世传云，解阴阳者为鬼所嫉"，而吉备真备在《私教类聚》引用此句，训诫子孙应当对历注的知识知其大略，但是不可专注于此，这一点在前文亦有所提及。

阴阳家观察天地自然，推算季节推移，这种学术对于为政者而言不可或缺，但是它通过占卜欲求人所不可知的未来，因此根据其使用方式也可能变成扰乱世间的危险之术，而这同样是自古以来的历史反复证明过的。

中国传统的阴阳、术数观念经由吉备真备等学者，与儒学一起传入了日本。平城天皇大同二年（公元 807 年）的诏书中提到"日者虚传，千妖辐凑，占人妄告，万忌森罗"，而历注所据皆是"堪舆杂志"而非"举正之典"，因此"宜据圣贤格言，一除历注"，下令从历书上删去种种吉凶杂注。这一举动或许略为过激，故而受到了公卿的反对，三年后由嵯峨天皇废除。

嵯峨天皇为了与恐惧怪异、物怪的风潮抗衡，留下了"无信卜筮"的遗言。在保守的藤原良房、藤原基经掌权的贵族政权时期，文章博士都良香在方略试时提出"决群忌"的问题，菅原道真也出题为"论方伎短长"，这些也都是基于儒家主义立场，对阴阳术数加以批判，并试图阻止社会上逐渐蔓延的重视占卜的神秘主义倾向的行为。而重用菅原道真的宇多天皇也在留给其子醍醐天皇的《宽平御遗戒》中提到"可忌依小怪小异，以轻招神祇阴阳等事"，告诫其不得因为小小怪异就召唤神祇官、阴阳寮进行占卜（轩廊御占）。

然而，随着与这一儒家合理主义针锋相对的阴阳道的形成，对于占卜的怀疑逐渐被遗忘，毕竟主张金神等新禁忌的正是世袭明经道博士的儒学之家清原家。然而与此同时，中世也有几种对阴阳道、阴阳师的批判。

阴阳道批判的系谱——中世

镰仓时代末期的吉田兼好，在长年的官僚生活后出家，留下了随笔集《徒然草》，在其中以超脱俗世的基调，对自然与社会等各种话题进行思索。在《徒然草》第九十一段中，关于日时禁忌有如下记述。

> 赤舌日之事，阴阳道本未提及，昔时之人原不避讳。近时不知何人言及，始有忌讳。其说法谓：此日诸事不顺，所愿皆空；入手之物得而复失，谋划之事件件难成。此等言论，尽属愚妄。择吉日而为之事，若记其顺与不顺者，两者亦相差无几。①

同时他还指出，纠结于这样的事情是因为不理解世间

---

① 引自《徒然草·方丈记》，王新禧译，长江文艺出版社，2011。后文所有关于《徒然草》的引文均出自该书，不再另做说明。

无常无住之理，"吉日作恶则必凶，恶日行善则必吉。吉凶皆由人而生，而非由日而定"。

在历注中原本没有赤舌日这一说法，这是这一时期开始流行的一个凶日，与阴阳道并没有什么关系。吉田兼好认为，吉凶的原因不在于日时而在于人，这与他过着从众多世间规范中解放出来的隐居生活有关，同时也与他作为出家之人，将因果报应的理论与众生的生灭无常奉为必然有关。站在吉田兼好的视角来看，不仅是阴阳道中关于吉日凶日的观念，就连成为社会积习的阴阳道本身都应当是被扬弃的。

此外，在《徒然草》第十段中提到，著名歌人西行看到平安末期的公卿德大寺实定为了防止发生鸟的怪异而在自家寝殿上拉绳以免飞鸟落下，因此批评他心胸狭隘。或许因为吉田兼好与西行同是出家之人，与西行有所共鸣，故而引用了此事。

同时，吉田兼好在第二百零六段中介绍了镰仓中期的公卿德大寺实基对吉凶问题不屑一顾的观点，当牛闯入检非违使厅引发众人对怪异的恐惧时，他指出"牛虽有头脑，却有别于人，其既有足，自然处处可去"。德大寺实基是镰仓中期著名的有能公卿，曾经向后嵯峨院提交关于政道的十四条奏状，是具有儒学知识背景之人。

如此这般，在隐士与知识分子之中有不受阴阳道规范的拘束、对阴阳道持有批判性认识的人，而除此之外，对于阴阳道的另一种批判来自佛教。

《梦中问答集》是镰仓末期到南北朝时期的禅僧梦窗疏石为足利直义总结的禅学要旨，在其上卷中提到了真言宗加持祈祷的本意，认为"故密宗渐废，无异于阴阳师之法"。其原因是近来的真言宗偏离了其本意，也就是根据大日如来的三密（身口意）而加持祈祷众生三业（身口意），从而实现即身成佛的真实之理，只剩下事相真言师为了世俗利益而进行徒有其表的祈祷。换言之，梦窗疏石认为，不求真理而只为雇主举办祈求现世利益的种种修法的密教，与阴阳道没有任何区别，这就是真言宗衰退的原因。

延历寺的僧侣光宗在大约同一时期也做出了与此相似的反思。他在撰写天台教学集成书《溪岚拾叶集》时引用了道范的观点，认为"唯事相阴阳师者，三代即成阴阳师也。凡阴阳师者，虽知浅略三密之义相，暗于无相甚深之法义，故名阴阳师也。今密教亦复如是云云"。由此可见，这一时期的事相真言师经常被比拟为阴阳师。这一方面是密教内部危机感的表现，另一方面也是对阴阳道只追求眼前的现世利益而不具深远教义的批判。

这些基于儒家与佛教的立场对阴阳道、阴阳师进行的批评，可以说直接触及了阴阳道的本质。行文至此多次强调，阴阳、术数的学术，以及日本的阴阳道、阴阳师以神秘主义的占卜与咒术为主业。而在古代与中世，人们基于祸福皆是天意、吉凶表里一体的儒学合理主义立场对此加以批判，到了近现代则基于科学合理主义的立场将其批评为迷信。来自佛教的批判，则像九条兼实在长子去世时欲抛弃方士之术，又或是贺茂氏、安倍氏的阴阳师们在自己去世前同样要出家以求往生极乐一样，阴阳道是追求现世利益的信仰，而不具有超越生死、救济灵魂的宗教观念或是像密教一般深远的法理与行法。

日本人的宗教意识与阴阳道

像这样的批判，在其他地方也可见一斑。进入明治时代，近代国家成立之后，在明治三年（公元 1870 年）闰十月，阴阳师的活动被视为与文明开化不符的"淫祀邪教"之一，土御门阴阳道被废止；在明治五年十一月改行太阳历的同时，历注也被作为"迷信"废止。如此这般，阴阳道从历史舞台的前台退场，潜伏于地方与民间，几乎被世人忘却。在研究领域中，阴阳道的相关研究也受到科学合理主义立场的影响而被打压，在战后很长一段时间内几乎无人问津。

构成阴阳道理论基础的阴阳五行说可以说是前近代的类科学原理，阴阳道的占卜与祭祀也是非合理的、咒术性的，认为它作为宗教来说很浅薄观点也是无可厚非的。但是人们在宗教中追求的东西，并非只有真理，除此之外还有现实生活中多种多样的需求。

日本的家庭中通常都安置有佛坛与神龛，同时还为了回避灾难贴有神社的护身符等物品。正月要去神社佛寺进行初谒，彼岸与盂兰盆节时要去寺院，七五三则要在神社举办，十二月里庆祝圣诞节，结婚仪式也多按照基督教仪式举办，可以说在日本人的生活中混杂着各种各样的宗教要素，而日本人对此并没有任何不适应的感觉。正是因为如此，日本人才经常会被认为宗教意识淡薄，而当被问到自己的宗教信仰时，多数人也会因为对此没有意识而无法回答。

从基督教或是伊斯兰教等将社会规范建立在宗教基础上的一神教世界观来看，日本作为东亚多神教世界中的一员，从某种意义上或许可以说是无宗教的。但是宗教学者山折哲雄指出，这一设问本身，或者说人只能归属于一种宗教这一观念本身，就是以基督教的神学观念为前提的。他在此基础上指出，基督教与伊斯兰教等在艰巨的自然环境中形成的信仰绝对神的宗教，与日本人这种在优越的自然环境中形成的感受神佛祖灵存在的宗教之间，有着根本性的宗教观念差异。

阴阳道承认万物皆有神性，在特异现象中感受神灵活

动的前兆，阴阳道的这一特性可以说也是在日本这种宗教
观念下形成的。阴阳道在理论上虽然受到儒家与佛教针对
其本质的批判，但是能够跨越时代并且不受身份的拘束，
深入渗透日本社会，因为它回应了现实中在每日的不安中
追求幸福的人们的愿望。

　　观察中世以后的阴阳师们的活动可知，在镰仓时代，
除了为朝廷服务的阴阳师之外，还有大量为幕府工作的
阴阳师；到了室町时代，足利义满重用的土御门（安
倍）有世、勘解由小路（贺茂）在弘两人得叙三位，从
而成为公家的一员。而市井之中则有奉安倍晴明为师祖
的民间阴阳师、声闻师（唱门师）等提供占卜与袚等服
务，阴阳师的活动与他们对安倍晴明的信仰由此进一步
向民间扩散。日时与方位的吉凶意识也随着假托晴明撰
著的历注书《簠簋内传》以及受其影响于近世成书的
《大杂书》《三世相》等日用书籍的出版，在社会内普及
开来。

　　就像平安初期的平城天皇废止历注三年之后嵯峨天皇
就予以恢复一样，明治政府采用太阳历后不久，在明治十
五六年就重新出现了记载有大安、佛灭等六曜日的民间
历，结果日本人至今仍然在有各种红白喜事时参看日历，
注意日程的吉凶问题。

　　从大的方面来看，来世的往生与安稳由寺院与佛教负

责，地域社会和共同体的安宁与对产土、氏神的祭祀归于神社与神道，预见吉凶、回避现世灾祸且祈求福禄的部分则寄托于阴阳道、阴阳师以及其他世俗宗教，这就是日本宗教文化的结构，而阴阳道是其中重要的构成部分之一。

虽然阴阳道已经不存在任何制度规定与组织结构，但它仍然是日本人宗教心的一部分。

后　记

　　二十世纪九十年代中期，受到小说与影视作品的影响，人们开始逐渐关注阴阳道和阴阳师安倍晴明，我也得到了前往各地举办文化演讲或是公开讲座的邀请。在此之前，我一直只是一位与此无缘的古代史研究者，而现在每次的讲座会场都几乎满员，有时还会出现听众过多无法入场的盛况。这一次阴阳道热潮的巅峰，应该是 2003 年夏天在京都文化博物馆等地举办的"安倍晴明与阴阳道"的展览。

　　那一次展览由当时京都文化博物馆的大冢活美与读卖新闻大阪本社的德光美和两人策划，我也从专业角度，通过展览品的选择与执笔图录等方式进行了参与。这是首次尝试举办正式的阴阳道展览，我们的心中充满了让刚刚得到世间注目的阴阳道被更多人认知的期待。当时我曾经被德光老师开门见山地询问过"安倍晴明的魅力何在？"在

发现阴阳道

此之前，我对阴阳道与阴阳师进行了众多研究，在讲座时也尽量谨慎地展示资料，以便大家能够对阴阳道的实际情况有更好的理解，但是当被问到晴明的魅力时，却一时无法回答。

书店里放着各种各样关于安倍晴明的书，可以说是其人气的体现，也就是说安倍晴明显然是有魅力的。这种现象被认为与围绕在个人周边的社会变化有关，这一点在社会学、文化论等各方面都有解释。但是对于我来说，我一直将阴阳道视为考虑文化交流与开展的历史时使用的手段，因此阴阳道一直是需要客观且批判性观察的对象。与世间的阴阳道热潮相反，我反而感到有几分羞涩。

然而，假如放下事实如何这一问题不谈，阴阳师的故事确实是很有趣的。不问古今东西，怪谈与推理小说都受到人们的喜爱，这是因为它们能够为在日常生活中劳累的我们提供短时间的异时空的愉悦。即使是现在，我们对于异世界与超能力的热衷也并不因为科学的进步而消散。"安倍晴明与阴阳道"的展览据说好评如潮，来场者甚众，图录也告售罄。

这一阵热潮过去之后，在 2009 年春天，纽约哥伦比亚大学的日本宗教研究所举办了一次阴阳道研讨会，欧美与日本的阴阳道相关研究者多有出席。欧美的日本学研究者也开始将阴阳道视为日本式习合文化的形态之一对阴阳

道加以关注，从众多视角出发进行研究。我目睹了这一次
为期三天的研讨会中的热烈讨论，感到无比新鲜与惊讶，
现在回想起来仍然记忆鲜明。受到来自外部的刺激，阴阳
道的相关研究也将要迎来新的阶段，有此感受的人想必不
止我一个。

　　了解阴阳道的方法有很多种，而我对于本书的构想则
是通过设置究竟何为阴阳道这一问题，进而从历史研究的
立场出发勾勒其轮廓，并简述阴阳道从中世到近世的变
迁，以及在民俗社会中传播并固定下来的过程。关于此前
安倍晴明魅力何在的问题，我通过本书的写作，重新认识
到了在标签化的安倍晴明形象的背后有着阴阳道与文化及
社会之间的联系，这就是其魅力所在。假如本书能为探讨
日本的宗教文化提供一个视角，我就心满意足了。

参考文献

（仅列举主要参考文献）

全书

斎藤勵『王朝時代の陰陽道』、甲寅叢書、郷土研究社、1915 年（水口幹記解説復刊、名著刊行会、2007 年）。

村山修一『日本陰陽道史総説』、塙書房、1981 年。

同編『陰陽道基礎資料集成』、東京美術、1987 年。

中村璋八『日本陰陽道書の研究』、汲古書院、1985 年、増補版 2000 年。

村山修一・中村璋八等編『陰陽道叢書』四冊、名著出版、1991 – 1993 年。

小坂真二「陰陽道の成立と展開」、『古代史研究の最前線』第四巻、雄山閣出版、1987 年。

同『安倍晴明撰「占事略決」と陰陽道』、汲古書院、2004 年。

林淳・小池淳一編『陰陽道の講義』嵯峨野書院、2002年。

鈴木一馨『陰陽道』、講談社選書メチエ、2002年。

繁田信一『陰陽師と貴族社会』、吉川弘文館、2004年。

斎藤英喜『安倍晴明』ミネルヴァ書房、2004年。

山下克明『平安時代の宗教文化と陰陽道』、岩田書院、1996年。

山下克明監修、大塚活美・読売新聞大阪本社編『図説安倍晴明と陰陽道』、河出書房新社、2004年。

『安倍晴明と陰陽道展』京都文化博物館、郡山市立美術館展示図録、2003年。

序章

「新猿楽記」山岸徳平ほか校注『古代政治社会思想』日本思想大系8、岩波書店、1979年。

桃裕行『上代学制の研究』修正版、桃裕行著作集第一巻、思文閣出版、1994年。

第一、二章

富谷至・吉川忠夫訳注『漢書五行志』東洋文庫460、平凡社、1986年。

鈴木由次郎『漢書芸文志』明徳出版社、1978年。

坂出祥伸「方術伝の成立とその性格」、『中国古代の占法』、研文出版、1991 年。

日原利国『漢代思想の研究』、研文出版、1986 年。

影山輝國「漢代における災異と政治」、『史学雑誌』90 - 8、1981 年。

細井浩志「古代・中世における技能の継承について」、『九州史学』104、1992 年。

野田幸三郎「陰陽道の成立」「陰陽道の一側面」、村山修一ほか編『陰陽道叢書』第一巻、名著出版、1992 年。

神堀忍「「吉備津采女」と「天数ふ大津の子」」、『万葉』83、1974 年。

同「「大船の津守が占」考」、『国文学』50、関西大学、1974 年。

橋本政良「勅命還俗と方技官僚の形成」、村山修一ほか編『陰陽道叢書』第一巻、名著出版、1992 年。

古橋信孝「災いと法」、古橋信孝編『ことばの古代生活誌』、河出書房新社、1989 年。

松本卓哉「律令国家における災異思想」、黛弘道編『古代王権と祭儀』、吉川弘文館、1990 年。

早川庄八「律令国家・王朝国家における天皇」朝尾直弘ほか編『日本の社会史』第三巻、岩波書店、

1987 年。

　森正人「モノノケ・モノノサトシ・物怪・怪異」、『国語国文学研究』27、1991 年。

　小坂真二「九世紀段階の怪異変質に見る陰陽道成立の一側面」、竹内理三編『古代天皇制と社会構造』、校倉書房、1980 年。

　山下克明「災害・怪異と天皇」、『岩波講座　天皇と王権を考える』第 8 巻、岩波書店、2002 年。

　同「陰陽道の成立と儒教的理念の衰退」、『古代文化』59 – 2、2007 年。

　小林春樹・山下克明編集代表『「若杉家文書」中国天文・五行占資料の研究』、大東文化大学東洋研究所、2007 年。

　川口久雄『三訂　平安朝日本漢文学史の研究』上編、明治書院、1975 年。

　中村璋八・大塚雅司『都氏文集全釈』、汲古書院、1988 年。

　川口久雄校注『菅家文草・菅家後集』、日本古典文学大系 72、岩波書店、1972 年。

第三、四章

　小坂真二『安倍晴明撰「占事略決」と陰陽道』、汲古書院、2004 年。

　同「古代・中世の占い」「陰陽道の反閇について」、
『陰陽道叢書』第四巻、名著出版、1993 年。

　西岡芳文「六壬式占と軒廊御占」、今谷明編『王権
と神祇』、思文閣出版、2002 年。

　ベルナール・フランク（斎藤広信訳）、『方忌みと
方違え』、岩波書店、1989 年。

　加納重文「方忌考」、『秋田大学教育学部研究紀要』
23、1973 年。

　同「方違考」、『中古文学』24、1979 年。

　中島和歌子「平安時代の吉方詣考」、『古代文化』
44 - 5、1992 年。

　同「八卦法管見」、神戸大学大学院文化学研究科
『文化学年報』12、1993 年。

　同「源氏物語の道教・陰陽道・宿曜道」、増田繁夫
ほか編『源氏物語の思想』、源氏物語研究集成第六巻、
風間書房、2001 年。

　同「『枕草子』と陰陽道」、『国文学研究資料館紀
要』28、2002 年。

　岡田荘司「陰陽道祭祀の成立と展開」、『陰陽道叢
書』第一巻、名著出版、1992 年。

　山下克明「陰陽道の宗教的性格」、『東洋研究』

159、2006 年。

　田中貴子『安倍晴明の一千年』、講談社選書メチエ、2003 年。

　木場明志「近世日本の陰陽道」、『陰陽道叢書』第四巻、名著出版、1992 年。

第五、六章

　桃裕行「日延の符天歴齎来」、「宿曜道と宿曜勘文」、桃裕行著作集第八巻『暦法の研究』（下）、思文閣出版、1990 年。

　永井晋「中世前期の天文と国家」、増尾伸一郎ほか編『環境と心性の文化史』下、勉誠出版、2003 年。

　梅田千尋「江戸時代の晴明霊社祭」、晴明神社編『安倍晴明公』、講談社、2002 年。

　高田義人「安倍晴明の官歴」、『日本歴史』679、2004 年。

　小坂真二「『黄帝金匱経』について」、小林春樹編『東アジアの天文・暦学に関する多角的研究』、大東文化大学東洋研究所、2001 年。

　同「六壬式占の古占書の伝存状況をめぐって」、『東洋研究』143、2002 年。

　同「晴明公と「占事略決」」、晴明神社編『安倍晴明公』、講談社、2002 年。

　　山下克明「宣明歴について」、『「高麗史」歴志宣明歴の研究』、大東文化大学東洋研究所、1998 年。

　　同「安倍晴明の邸宅とその伝領」、『日本歴史』632、2001 年。

　　同「『三家簿讃』の考察」、『若杉家文書「三家簿讃」の研究』、大東文化大学東洋研究所、2004 年。

　　「将門記」、山岸徳平ほか校注『古代政治社会思想』、日本思想大系 8、岩波書店、1979 年。

　　「陰陽道旧記抄」詫間直樹・高田義人編著『陰陽道関係史料』、汲古書院、2001 年。

　　终章

　　川瀬一馬訳・校注『夢中問答集』、講談社学術文庫、2000 年。

　　神田秀雄ほか校注・訳『方丈記・徒然草・正法眼蔵随聞記・歎異抄』、新編日本古典文学全集 44、小学館、1995 年。

　　山折哲雄「現代日本人の宗教を考えるためのヒント」、同編著『日本人の宗教とは何か』、太陽出版、2008 年。

图书在版编目（CIP）数据

发现阴阳道：平安贵族与阴阳师／（日）山下克明
著；梁晓弈译. －－北京：社会科学文献出版社，
2019.3（2020.6重印）
ISBN 978－7－5201－3503－0

Ⅰ.①发… Ⅱ.①山… ②梁… Ⅲ.①文化史－研究
－日本－古代 Ⅳ.①K313.03

中国版本图书馆CIP数据核字（2018）第215634号

发现阴阳道
——平安贵族与阴阳师

著　　者／〔日〕山下克明
译　　者／梁晓弈

出 版 人／谢寿光
项目统筹／沈　艺　董风云
责任编辑／沈　艺

出　　版／社会科学文献出版社·甲骨文工作室（分社）
　　　　　（010）59366527
　　　　　地址：北京市北三环中路甲29号院华龙大厦　邮编：100029
　　　　　网址：www.ssap.com.cn
发　　行／市场营销中心（010）59367081　59367083
印　　装／三河市东方印刷有限公司

规　　格／开　本：889mm×1194mm　1/32
　　　　　印　张：11.375　插　页：1　字　数：200千字
版　　次／2019年3月第1版　2020年6月第2次印刷
书　　号／ISBN 978－7－5201－3503－0
著作权合同
登 记 号／图字01－2017－4437号
定　　价／62.00元